Libera col Network Marketing

Le 3 Skills vincenti per intraprendere questo business nel modo giusto.

Alessandra La Forgia

Contatti:

 https://m.facebook.com/alessandra.laforgia

 https://www.instagram.com/alessandralaforgia_alestory/

 www.alessandralaforgia.it

 info@alessandralaforgia.it

Indice

PREFAZIONE **6**

LA MIA STORIA **10**

IL NETWORK MARKETING: COS'È E COME FUNZIONA **14**

Definizione di Network Marketing 14

Come si guadagna col Network Marketing? 17

Il Network Marketing è la risposta a questo periodo socio-economico 20

Il Network Marketing è legale? 29

Network Marketing: fiscalità in Italia 33

Come affrontate le obiezioni 36

del Network Marketing 36

Aspetti da considerare nella scelta della migliore azienda Partner 39

Il tuo perché o punto di dolore 49

Gli errori da evitare 56

DAL SUCCESSO NEL BUSINESS AL SUCCESSO PERSONALE **65**

Storie di successo 65

Network Marketing sui Social Media 67

Vendere sui social suscitando contatti spontanei 72

Cosa è il Personal Branding? 75

Le persone comprano te, non il prodotto che vendi 78

Formazione: chiave del successo 80

Il tempo è la tua risorsa fondamentale 84

COSTRUIRE UN BUSINESS DI SUCCESSO 86

Leadership: Mentalità Positiva 86

Mindset vincente 98

Vision da singolo a gruppo 108

Gioco di squadra 110

Come aiutare i tuoi incaricati a partire 112

I modi per creare un team di successo 115

CONCLUSIONI 117

© Copyright 2020 - Alessandra La Forgia –

Tutti i diritti riservati.

Il contenuto di questo libro non può essere riprodotto, duplicato o trasmesso senza l'autorizzazione scritta diretta dell'autore o dell'editore.

In nessun caso verrà attribuita alcuna colpa o responsabilità legale contro l'editore o l'autore per eventuali danni, riparazioni o perdite monetarie dovute alle informazioni contenute in questo libro. O direttamente o indirettamente.

Avviso legale:

Questo libro è protetto da copyright. Questo libro è solo per uso personale. Non è possibile modificare, distribuire, vendere, utilizzare, citare o parafrasare qualsiasi parte o il contenuto di questo libro, senza il consenso dell'autore o dell'editore.

Disclaimer Notice:

Si noti che le informazioni contenute in questo documento sono solo a scopo educativo e di intrattenimento. È stato compiuto ogni sforzo per presentare informazioni accurate, aggiornate e affidabili e complete. Nessuna garanzia di alcun tipo viene dichiarata in maniera evidente o implicita. I lettori riconoscono che l'autore non è impegnato nella fornitura di consulenza legale, finanziaria, medica o professionale. Il contenuto di questo libro è stato derivato da varie fonti. Si prega di consultare un professionista autorizzato prima di tentare qualsiasi tecnica descritta in questo libro.

Leggendo questo documento, il lettore conviene che l'autore non è in alcun caso responsabile per eventuali perdite, dirette o indirette, derivanti dall'uso delle informazioni contenute nel presente documento, inclusi, ma non limitati a, - errori, omissioni o inesattezze.

Prefazione

Negli ultimi anni il Network Marketing è diventato sempre più popolare e diverse persone hanno deciso di iniziare quest'avventura imprenditoriale come secondo lavoro o come carriera principale. È un mercato interessante, con ottime prospettive di guadagno; semplice ma non facile.

Sono necessarie tante abilità per avere successo, come possedere il giusto mindset imprenditoriale, riuscire a lavorare con un team affiatato, creare le condizioni in cui ogni collaboratore possa partire nel modo giusto e riuscire a fare ogni giorno del proprio meglio. È necessario essere motivatori, esempi di comportamento e capire quali siano i business migliori nel Network Marketing, quelli 100% legali che offrono il miglior piano compensi e che garantiscono successo.

Questo libro racconta la mia esperienza in questo bellissimo business e tutto quello che ho imparato nel corso degli anni. Troverete una serie di consigli molto preziosi, come:

- ❖ Tutti i trucchi per capire se un Network Marketing è legale in Italia.
- ❖ Come cambiare il proprio mindset per adattarlo a questo business.
- ❖ Come suscitare contatti spontanei da parte dei tuoi clienti senza dover convincerli a comprare.
- ❖ Come selezionare un team di successo.
- ❖ Come essere un vero Leader.
- ❖ Tutto sulla fiscalità del Network Marketing in Italia.

- Tutti gli errori da evitare.
- Come fare gioco di squadra.
- Come usare i Social Network in modo efficace.
- Come gestire il tempo in maniera efficace.
- I pericoli della mentalità da dipendente nel Network Marketing.
- Personal Branding e promozione personale.
- Cosa rispondere a chi critica il Network Marketing.
- Molto altro ancora!

Ho provato sulla mia pelle tutti i consigli che leggerete e posso garantire la loro efficacia al 100%.

Viviamo in un momento complicato, con tanta incertezza e molte persone vanno avanti con la paura di perdere il lavoro. È il momento perfetto per prendere coraggio e iniziare a gestire la nostra vita e la nostra carriera, senza sprecare il nostro tempo lavorando per persone che non ci apprezzano davvero. La strategia per prendere il controllo della nostra vita esiste, si chiama Network Marketing e in questo libro capirete tutto il suo grande potenziale!

La Mia Storia

La mia è stata la vita di una persona normalissima fino a quando non sono diventata mamma.

Fino a quel momento ho fatto fatica a "trovare un posto nel mondo", a trovare il mio X-Factor. La scuola mi piaceva, ma non troppo; i vari interessi coltivati in adolescenza: mai portati a termine. Insomma, mai mi sono ritrovata davanti ad una situazione di quelle che ti provoca le farfalle nello stomaco, ti rendono completamente soddisfatta e ti spingono ad andare fino in fondo.

Finché un giorno, per caso, mi capita davanti l'occasione di emergere!

Ma faccio un piccolo passo indietro. Quando ho terminato gli studi ho cominciato a lavorare come impiegata in un'azienda tessile. L'ho fatto per quattro anni, era un lavoro che mi appagava ma l'ambiente nel quale lavoravo non era per niente confortevole.

Quindi mi sono licenziata e sono stata assunta subito da una grande catena di negozi di informatica.

Ho svolto questo lavoro per i dodici anni successivi, ho imparato tanto, e devo dire grazie a quel lavoro se sono la donna di oggi. Mi piaceva stare a contatto con le persone, mi gratificava molto economicamente come lavoro, ma mi portava via tutto il tempo a disposizione. Lavoravo tutti i giorni della settimana ad eccezione della domenica, giorno che diventava lavorativo nel periodo natalizio.

Riflettendo nasce proprio in questa circostanza il mio odio profondo per le feste comandate. Tutti festeggiavano, io lavoravo. Era tutto molto frustrante.

Il pensiero della maternità più volte aveva fatto capolino in quegli anni, ma l'avevo accantonato ogni volta perché trovavo innaturale mettere al mondo un figlio per farlo crescere a parenti o babysitter.

Finché, arrivata all'età di 36 anni sono rimasta incinta, e li è cambiato tutto.

Durante la maternità mi sono messa alla ricerca di un'alternativa che mi permettesse di poter restare a casa con mia figlia Cloe, e per caso (anche se poi ho capito che il caso in realtà non esiste) sono inciampata in un post che parlava di Network Marketing. Mi ha molto incuriosito (io sono una curiosa di natura), ho chiesto informazioni, mi è piaciuto sin da subito l'approccio che avrei dovuto avere con il cliente finale, e così ho deciso di lanciarmi in questa nuova avventura. In fondo tentare non mi costava nulla, al massimo sarei tornata a fare la commessa, la mia vita sarebbe rimasta nella norma e avrei visto mia figlia solo al rientro dal lavoro e nel weekend. Assurdo no?

Senza dubbio non avevo idea di cosa sarebbe successo, non sapevo se davvero avrebbe potuto fare al caso mio, ma una cosa la sapevo, quel tentativo lo dovevo a mia figlia, appena arrivata al mondo e così bisognosa della mia presenza.

È cominciata così la mia avventura, in questi tre anni ho imparato tantissimo, ho preso il buono da ogni persona che mi circondava.

Ho capito che quando parti da zero parti con una valigia vuota che riempi man mano, lungo il tuo cammino, ma sono convinta che almeno tre cose questa valigia debba contenerle. Sono le tre skills che vi racconterò nel corso di questo libro, che non vuole essere altro che la mia personalissima esperienza in questo mondo spesso maltrattato, che si rivelerà però come una sfumatura moderna del lavoro tradizionale.

Il Network Marketing: cos'è e come funziona

Definizione di Network Marketing

In questo periodo storico ricco di incertezze e difficoltà nell'ambito occupazionale, è più che mai indispensabile riuscire ad adattarsi ai tempi che stanno cambiando e modificare il proprio modo di concepire il lavoro. Ciò a cui siamo sempre stati abituati tramite il vissuto di genitori e nonni, il classico impiego da otto ore in fabbrica o da scrivania, sta volgendo al termine e ormai è sempre più difficile riuscire a trovare un posto con queste caratteristiche che sia stabile e duraturo nel tempo.

Viviamo nell'era dell'interconnessione globale, il mondo è cambiato, si è evoluto, così come succede ciclicamente da centinaia di anni, e, adattarsi ai mutamenti è una caratteristica che gli uomini hanno nel loro DNA, ce lo insegnano i nostri avi. Per questo motivo la difficoltà di trovare un'occupazione classica non deve essere considerata come un problema, ma come un'occasione di crescita che già tante persone hanno saputo sfruttare per riuscire a creare nuove realtà e per fare qualcosa di molto produttivo e divertente allo stesso tempo! E io sono tra queste persone.

Ho sempre avuto un rapporto di amore/odio con il mio precedente lavoro, fino a quando una serie di vicissitudini (che più avanti racconterò) mi hanno portata a fare una scelta: prendere in mano il mio destino e diventarne l'unica responsabile. So bene che queste sembrano delle frasi fatte, che magari hai sentito e risentito in giro per il web, ma è esattamente quello che ho fatto io entrando nel mondo del Network Marketing.

In questo libro voglio raccontare la mia storia e spiegare con semplicità cosa è il Network Marketing, quali sono le valutazioni da fare quando ci si approccia a questo mondo, il criterio da seguire per la scelta del settore e dei migliori brand. Cercherò di darti tutte le informazioni possibili per evitare di perdere tempo prezioso e stare alla larga dalle truffe (che purtroppo ci sono, è inutile negarlo).

Bene, possiamo partire dalla base, cosa è il Network Marketing?

Il Network Marketing, conosciuto anche come NM, o MLM, o Multi Level Marketing, o Vendita Diretta, è il modo moderno che le imprese di vendita diretta usano per distribuire i loro prodotti bypassando canali tradizionali quali intermediari, negozi all'ingrosso o negozi al dettaglio. È un modello di business che si basa molto sul passaparola e sul creare contatti che possano a loro volta vendere, comprare e veicolare le informazioni sui prodotti o sul modello di business dell'azienda di cui sopra.

Pensa a quante risorse economiche le aziende tradizionali destinano alla pubblicità ed alla distribuzione dei prodotti, ed a quanti passaggi un prodotto deve fare prima di arrivare sugli scaffali. Le "aziende serie" di vendita diretta, invece, destinano i loro proventi a migliorare i loro prodotti (studio e ricerca della materia prima, certificazioni, ecc.) e a ricompensare il loro distributori (motivo per il quale i proventi derivanti da Network Marketing sono più alti rispetto a quelli di un lavoro tradizionale).

Come si guadagna col Network Marketing?

Nel Network Marketing c'è un sistema di pagamento equo e meritocratico, vieni pagato per il lavoro che svolgi: più ne svolgi, più guadagni. A concorrere alla realizzazione di questo step ci sono diverse variabili, che in questo libro ti descriverò.

Nel Network Marketing cresci in maniera esponenziale se lavori su due fronti: da un lato veicoli i prodotti dell'azienda con la quale collabori, dall'altro ti impegni a far crescere la tua squadra di distributori. Il motivo per il quale cresci è molto semplice: le aziende di vendita diretta hanno tutto l'interesse a pagarti di più se dai loro la possibilità di avere sempre più distributori, che alla fine dei conti solo l'unico mezzo attraverso il quale loro posso distribuire, avendo scelto di non affidarsi ai classici e dispendiosi canali tradizionali.

Quando parlo di meritocrazia nel Network Marketing mi riferisco al fatto che capita spesso che chi diventa distributore e fa il suo lavoro nella maniera corretta guadagna più del suo Sponsor (persona che lo ha introdotto in attività) semplicemente perché nel Network Marketing vieni premiato e pagato per le azioni che fai e per quanto produci, non importa che tu sia arrivato prima o dopo, importa quanto riesci a costruire con le tue forze.

Appare evidente che per fare davvero i "big money" è fondamentale creare un team di distributori efficiente e motivato, che abbia davvero voglia di impegnarsi e di intraprendere questo come un serio lavoro, imprescindibile come presupposto. Del resto, se loro non veicolano prodotto ed opportunità di business, tu non guadagni, o guadagni molto meno di quello che potresti. Dedicherò diverso spazio in questo libro sul come selezionare un grande team e sul come giocare in squadra con lo stesso obiettivo in mente.

Ecco quindi cosa è il Network Marketing: un metodo di business che si basa sul creare relazioni, che sia coi tuoi clienti che col tuo team; sul permettere agli altri di avere successo e ambizioni; sul fare in modo che chi ci guarda percepisca che noi abbiamo la soluzione alle sue necessità. In sintesi è il marketing ai massimi livelli e io sono fiera di far parte di questo mondo ed è arrivato il momento di chiarire una volta per tutte tutti i luoghi comuni e i pregiudizi che circondano questo grande metodo di business.

Il Network Marketing è la risposta a questo periodo socio-economico

Come già detto, viviamo in un periodo storico complicatissimo. Le risorse sono poche, le persone non hanno tanta voglia di investire il loro denaro in progetti ambiziosi ma ad alto rischio, le aziende tendono a ridurre sempre più i costi, scovando la formula magica necessaria per ottenere il massimo risultato con il minor costo possibile, affidandosi a scorciatoie per raggiungere i loro obiettivi.

Ho il massimo rispetto per chi lavora come dipendente, e questo voglio che sia chiaro. Ogni lavoro, se è onesto, merita il massimo rispetto. Ma io non mi sono mai sentita né a mio agio né felice nei panni che vestivo, perché alla fine dei conti lo scambio non era equo. Penserai "ma questo è quello a cui siamo sempre stati abituati "...ti darei ragione, se non fosse che ci dimentichiamo troppo spesso che questa vita è l'unica che abbiamo, e che se non facciamo il massimo per renderla meravigliosa l'avremo certamente sprecata.

Pensaci bene, dedichi otto ore della tua giornata (ovvero un terzo) al lavoro, senza contare le pause pranzo e il tempo che necessariamente spendi quotidianamente al tragitto casa/lavoro e lavoro/casa. E questo accade tutti i giorni. Hai a che fare con colleghi spesso incapaci di svolgere la mansione per cui sono stati assunti e pronti a tradire per un minimo vantaggio, hai a che fare con capi che spesso non apprezzano l'impegno e la dedizione che dedichi al tuo lavoro. Passi il tuo tempo a fare arricchire un'altra persona e ti accontenti delle briciole.

Se la tua azienda fattura milioni o miliardi di euro, tu guadagnerai al massimo il tuo compenso sindacale (se sei fortunato).

Ti sembra giusto?

Non direi, il tuo tempo viene barattato con del denaro, e questo non è uno scambio equo. Tantomeno il tempo perso torna indietro, ahimè non si possono riavvolgere i nastri del tempo e nessuna cifra è adeguata per compensare il fatto di aver perso anni in questo scambio.

Senza contare il periodo storico in cui si vive. Precarietà, pochi diritti, tanta paura e incertezza.

Che fare?

Aprire gli orizzonti sarebbe opportuno, guardarsi intorno, ma principalmente investire sull'unica persona che ha il massimo interesse dal tuo successo, cioè quella che vedi riflessa nello specchio.

Proprio tu!

Sei libero di diventare il capo di te stesso, chi te lo vieta? Fai qualcosa che possa renderti fiero dei tuoi risultati, ti assicuro che la soddisfazione che ne deriva è una delle più belle emozioni che abbia mai provato in vita mia...e poi, nessun boss a urlarti nelle orecchie cosa fare e nessuno che ha il potere di decidere del tuo destino. Il Network Marketing è il modo migliore per monetizzare in questo periodo, anche perché ti darà la vera motivazione per dare il massimo: guadagnerai in base ai tuoi risultati, e lo stesso vale per il tuo team. Più risultati si porteranno e più si guadagnerà.

Se vuoi la libertà, essere pagato in base a quello che riesci a produrre, garantirti un passivo ricorrente legato al fatturato della tua struttura e sfruttarne al massimo il potenziale, allora la soluzione più limpida e moderna è il Network Marketing. L'alternativa è ripetere in loop tutti i giorni il solito paradigma per circa quaranta anni, cercando di non impazzire nel mentre e sperando che il tuo capo non decida, un giorno, di rimpiazzarti con una persona più giovane.

Se non sei convinto, chiudo il capitolo con le parole di una persona decisamente più famosa e qualificata di me, lo scrittore americano Charles Bukowski, che si esprime sul mondo del lavoro dipendente con il suo stile crudo, diretto e senza peli sulla lingua.

Leggi questa lettera, e se ti fa scorrere un brivido lungo la schiena allora è arrivato il momento di cambiare il tuo modo di monetizzare, e il Network Marketing è la soluzione più quotata.

Ciao John,

Grazie per avermi scritto. Non credo faccia male, a volte, ricordare da dove si viene. Tu sai i posti da dove vengo io. Le persone che ne scrivono o ci fanno i film, non ne hanno idea. Chiamano quella vita "dalle 9 alle 5" ma quel tipo di lavoro non è mai dalle 9 di mattina alle 5 del pomeriggio.

Non hai la pausa pranzo in quei posti, perché gli altri dipendenti, temendo di perdere il lavoro, preferiscono non farla. E poi ci sono gli straordinari e i registri non sembrano mai dire davvero quanto tempo ti sei fermato in più. E se ti lamenti di tutto ciò, ci sarà un altro sfigato come te pronto a prendere il tuo posto.

Conosci il mio vecchio detto? "La schiavitù non è mai stata abolita, si è semplicemente estesa a tutti i colori della pelle".

Ciò che mi fa male è vedere la decadenza costante di questa umanità che lotta per tenere lavori che non vuole ma ha troppa paura dell'alternativa. Le persone sono vuote. Sono semplicemente corpi pieni di paure, con menti obbedienti. Non hanno più colori negli occhi. Le loro voci diventano orrende. E così i loro corpi. I capelli, le unghie, le scarpe. Tutto diventa orrendo.

Da ragazzo non potevo credere che le persone scambiassero le loro vite per quelle condizioni. Da vecchio uomo che sono oggi, non riesco ancora a crederci.

In cambio di cosa accettano una vita del genere? Il sesso? La televisione? Un'automobile a rate? Avere dei figli? Figli che avranno la loro stessa misera vita?

Tanti anni fa, quando ero giovane e passavo da un lavoro all'altro, ero così ingenuo che a volte volevo conversare con i miei colleghi: "Hey, ma vi rendete conto che da un momento all'altro il capo può entrare qui dentro e mandarci tutti a casa?"

Loro mi guardavano. Per loro rappresentavo un pensiero che non volevano entrasse nella loro testa.

Ora nel mondo del lavoro ci sono licenziamenti di massa. Centinaia di migliaia di persone si ritrovano senza un lavoro e sono sconvolti.

"Ho dedicato a quel lavoro 35 anni della mia vita..."
"Non è giusto"
"Non so cosa fare"

La verità è che gli schiavi non vengono mai pagati abbastanza per potersi liberare. Vengono pagati il giusto per poter sopravvivere ed essere costretti ad andare a lavorare ogni giorno. Io vidi tutto questo. Perché gli altri non ci riescono? Immagino che per me la panchina del parco o il bancone del bar andassero già bene. Perché non finire subito lì? Perché aspettare che mi togliessero il lavoro?

È stato un sollievo enorme uscire da quel sistema di merda. E ora che sono qui, un cosiddetto scrittore professionista, dopo aver ceduto i primi cinquant'anni della mia vita, mi rendo conto con ancora più lucidità di quanto sia disgustoso.

Ricordo una volta, lavoravo in un'azienda di imballaggi. A un certo punto uno degli altri operai ebbe una crisi e disse ad alta voce: "Io non sarò mai libero!" Passò uno dei capi lì vicino (si chiamava Morrie) e fece una risata orribile, godendo del fatto che quell'uomo era intrappolato per tutta la sua vita.

Ho avuto la fortuna di scappare da quei posti e non importa quanto ci ho messo: mi ha donato una forma di gioia che ha il sapore del miracolo. Ora scrivo con una mente vecchia dentro un corpo vecchio, ben oltre quell'età in cui gli uomini pensano di poter ancora scrivere. Ma visto che ho iniziato così tardi, lo devo a me stesso: devo continuare.

E quando le parole diventeranno indistinguibili e avrò bisogno di qualcuno che mi aiuti per fare le scale e non riuscirò più a distinguere un uccellino da una clip in metallo, sono sicuro che comunque ricorderò bene come sono uscito dal massacro della vita in fabbrica per riuscire almeno a morire in modo generoso.

Non aver sprecato interamente la mia vita mi sembra un gran bel successo.

Allora, è arrivato il momento di cambiare le cose?

Il Network Marketing è legale?

Una delle domande che mi fanno più spesso è se il Network Marketing sia legale oppure no. Effettivamente, dato che uno degli acronimi di Vendita diretta è Multilevel Marketing, viene facile pensare ad una piramide, e se è questo il primo pensiero che hai fatto devo dirti che ti stai sbagliando. Il Network Marketing è regolamentato in tutto il mondo ormai, ed in Italia, la legge più importante che lo regolamenta è la 173 del 17 agosto 2005 che definisce e punisce duramente le attività di Network Marketing illegali.

Quindi, se la tua idea è avviare la tua attività in questo settore è giusto che tu sappia da cosa stare alla larga e cosa invece valutare seriamente.

1. Guadagni

Le aziende che operano legalmente in questo settore dichiarano apertamente e tramite un documento appositamente redatto quali sono i guadagni medi che i suoi incaricati percepiranno nel momento in cui svolgono l'attività con costanza e serietà. Se sei stato contattato da un distributore che per prima cosa ti ha mostrato i suoi guadagni esorbitanti pretendi di visionare un documento ufficiale che attesti quali sono i compensi medi che la sua azienda riserva ai suoi collaboratori;

2. Costi di accesso al business

Se per avviare il tuo business ti tocca elargire grandi somme fai molta attenzione, quell'azienda potrebbe non operare nella legalità;

3. Commissioni sul reclutamento

Se l'azienda con la quale stai per collaborare ti offre un compenso per il solo fatto che tu ti adoperi per reclutare altri distributori è un'azienda che opera in maniera illegale. La legge 173 del 2005 definisce come illegale questo tipo di compensazione;

4. Autoconsumo obbligatorio

Nessuna azienda di vendita diretta operante nel giusto, obbliga il proprio distributore a consumare i prodotti che distribuisce.

Cosa puoi fare quando ti accorgi, troppo tardi, di aver avviato una collaborazione con un'azienda che non opera in trasparenza?

Una cosa che ti farà tirare un sospiro di sollievo è che si può uscire da queste situazioni abbastanza facilmente. Queste aziende non desiderano avere troppi guai con la legge e non si opporranno alla tua uscita di scena, quindi non farti spaventare se minacciano multe o cause legali. Sono loro che hanno tutto l'interesse a non entrare nel mirino del fisco, non tu. Se vogliono farti causa, beh che lo facciano. Sarà molto divertente vederli spiegare al giudice il metodo truffaldino che hanno messo in atto per truffare non solo te, ma anche chissà quante altre persone nel corso della loro storia.

Purtroppo i soldi che ormai sono stati spesi saranno irrecuperabili, ma l'importante è scappare da quella situazione il prima possibile.

Ad ogni modo, per qualsiasi dubbio sulla legalità o meno di un Network Marketing il consiglio è quello di consultare un avvocato per capire bene come muoversi. Meglio essere più prudenti e iniziare una collaborazione con aziende che operano nella legalità.

Network Marketing: fiscalità in Italia

E come è possibile essere in regola con il fisco nel settore del Network Marketing in Italia?

Non solo è possibile, ma è assolutamente indispensabile farlo perché fare attività di Network Marketing senza essere in regola con il fisco è illegale e ti metterà in grossi guai con il fisco italiano prima o poi, senza contare il grave danno d'immagine che ne conseguirà.

In Italia il Network Marketing è regolato dal punto di vista fiscale dal decreto del Presidente della Repubblica numero 600 del 1973 e dalla legge 335 del 1995.

La trattenuta destinata al fisco italiano nel settore avviene alla fonte, ovvero sarà l'azienda con cui si collabora a trattenere una percentuale da destinare al fisco, esattamente come in una busta paga.

È necessaria la partita IVA per lavorare in questo settore?

Se parti da zero come è successo a me non ne avrai bisogno nell'immediato. La legge dice che è necessaria solo se si supera il tetto di 5000€ netti di guadagno annuo. Superato questo limite è obbligatorio avere la P.IVA e iscriversi al registro separato dell'INPS e iniziare a usare il trattamento fiscale destinato ai lavoratori autonomi.

È anche possibile iniziare a lavorare nel Network Marketing come secondo lavoro, se si è un lavoratore dipendente, solo se il contratto di lavoro non lo impedisce esplicitamente (ci sono delle categorie che non possono farlo, come alcuni dipendenti pubblici), ma se si vuole essere sicuri di non perdere eventuali benefit derivanti dal lavoro principale si può tranquillamente consultare il proprio Caf o consulente del lavoro.

In sintesi, diffidate sempre da chi dice che il Network Marketing è una truffa legalizzata e tutti lavorano in nero perché non è così. Le aziende che operano in modo serio e professionale, aprono la propria sede in Italia per essere in regola con il fisco e hanno tutto l'interesse nel pagare correttamente i loro distributori ed a non avere grane. Lo step necessario per operare al 100% nella legalità per questo business è la partita IVA e diffidate da chi dice che non è mai necessaria. Se si lavora full time e si hanno delle buone entrate è fondamentale averla.

Ad ogni modo, consiglio sempre di consultare un commercialista esperto nel settore (non tutti i professionisti sono aggiornati sulle ultime novità riguardanti il lavoro in remoto e le ultime evoluzioni del Network Marketing) per ricevere un parere professionale e poter agire di conseguenza.

Pagare le tasse è un dovere di tutti e chi non lo fa sta solo sottraendo risorse a tutta la comunità, ricordatelo sempre.

Come affrontate le obiezioni del Network Marketing

A questo punto del libro spero di essere riuscita a comunicare chiaramente il mio messaggio: il Network Marketing è una soluzione 100% legale ed efficace per avviare un business incentrato su noi stessi che permette di crescere professionalmente ed economicamente a patto che lo si faccia in modo intelligente e con aziende professionali.

Purtroppo non si può negare che tante persone usano questo business solo per arricchirsi a discapito degli altri con degli schemi piramidali o vendendo "aria fritta". L'unica cosa che si può fare per arginare questo problema è segnalarli alle autorità competenti e diffondere la cultura del vero Network Marketing, quello fatto da aziende professionali e da collaboratori che ci mettono la faccia tutti i giorni cercando di fare sempre il massimo in base alle loro possibilità.

In questi anni mi sono ritrovata a dover affrontare molte obiezioni di chi critica il Network

Marketing, ma con tutta sincerità, il 90% di queste persone parla senza conoscere l'argomento, senza essersi mai posto il problema di documentarsi prima di parlare.

Il mio modo di affrontare le obiezioni è sempre lo stesso, mai cambiato nel tempo: io rispondo con i fatti, con le leggi, lasciando la libertà di informarsi anche presso fonti molto più autorevoli di me.

Ci sono migliaia di aziende che lavorano in modo professionale e venditori che operano perfettamente nelle legalità e meriterebbero di essere loro al centro dell'attenzione e non i truffatori. I loro successi sono la prova che il Network Marketing è efficace se fatto nel modo corretto e metterli al centro dell'attenzione e diffonderne una corretta conoscenza è il modo migliore per rendere questo business sempre più affermato e sicuro per tutti. Più ci sarà conoscenza e mezzi per difendersi dai truffatori e più facile sarà per tutti rendere più sicuro questo business.

L'obiezione con la quale mi diverto di più in assoluto è: "è una Piramide !"

Rido tantissimo, perché questo è forse l'unico luogo nel quale entri da "apprendista" e puoi diventare "presidente" della tua impresa con le tue sole forze, senza sottostare a compromessi e sotterfugi, senza dover scavalcare qualcuno, senza dover subire la frustrazione di non poter fare carriera...le vere piramidi sono in qualsiasi altro luogo di lavoro fuorché questo.

Immagina di essere un addetto alle vendite di un rinomato franchising; fermati un secondo e rifletti sul fatto che ti trovi nelle fondamenta in una grandissima e perfetta piramide, che purtroppo per te non portai scalare o forse, se sei fortunato, scalerai in parte, perché certamente non portai mai prendere il posto del tuo amministratore delegato.

Se fai Network Marketing, lo fai seriamente, lo fai con dedizione, impegno, costanza e rispetto delle regole, in una realtà seria, puoi addirittura arrivare ai vertici dell'azienda. È solo una questione di tempo e di impegno costante!

Aspetti da considerare nella scelta della migliore azienda Partner

Il mondo del Network Marketing è in costante espansione e questo può essere sia un punto di forza che una debolezza in quanto potrebbe essere difficile riuscire a capire bene quale azienda merita il tuo tempo e i tuoi sforzi. Anche io ho avuto una serie di difficoltà iniziali (e di insuccessi, ma non è il momento di raccontarli) causati dalla debolezza della mia mentalità imprenditoriale.

Però è grazie alle mie cadute che oggi posso dare una visione d'insieme e, perché no, anche qualche dritta per capire sin dal principio con quale tipologia di azienda vale la pena collaborare.

Succede molto spesso che persone interessate a cambiare vita con il Network Marketing non riescano ad avere successo e sono costrette dopo poco tempo a fare marcia indietro e a tornare a fare quel lavoro che avevano cercato di allontanare per sempre dalle loro vite. Capisco la loro sensazione di sconfitta ed è una cosa che non vorrei mai provare di nuovo e che non auguro nemmeno al mio peggior nemico, ma sono tante le dinamiche che influenzano l'andamento di questo business, e, se posso essere d'aiuto a valutarle prima di sbatterci la testa contro, ho raggiunto uno dei miei obiettivi.

Purtroppo in questo ambito, così come negli altri mi viene da dire, si rischia di incontrare lo squalo di turno, che magari gioca sulla tua ignoranza, e che è impaziente di raggirarti per il suo tornaconto personale, quindi occhio a valutare gli aspetti fondamentali che troverai qui di seguito.

Risparmierai non solo denaro, ma anche salute, autostima e tempo e la tua avventura in questo grande settore inizierà con il piede giusto.

Ecco i quattro aspetti da considerare per la scelta della miglior azienda partner per il Network Marketing.

Multibrand

Diverse aziende decidono di concentrarsi su un solo brand o di investire solo in un determinato prodotto o servizio, mentre altre scelgono di seguire una strategia di mercato diametralmente opposta e di lavorare con diversi brand, che possono però agire nello stesso settore.

Personalmente ho sempre preferito lavorare con delle aziende proprietarie di diversi marchi, in modo da avere maggiori probabilità di successo ma anche in modo da poter offrire un prodotto per ciascuna esigenza del mio potenziale cliente, per far fronte in sostanza alle sue molteplici esigenze e per fargli vivere un'esperienza completa e il più soddisfacente possibile. Per esempio, immagina di lavorare con un'azienda di Network Marketing del settore bellezza capelli, e di essere monobrand. Dovrai necessariamente piazzare i prodotti di quel brand, darti da fare, cercare compromessi e soluzioni che possano accontentare lo stesso il cliente anche se non hai a catalogo esattamente quello che lui ha richiesto e così via. E immagino quante volte dovrai poi morderti le mani perché quel brand non ha quella specifica soluzione per il cliente, con la conseguenza di perdere soldi e ordini.

E invece immagina la stessa situazione, ed immagina di avere molteplici marchi tutti correlati. Il tuo cliente potrà avere a disposizione la soluzione che cercava, si, ma tu hai la possibilità di spaziare e mostrargli una soluzione per la bellezza del viso, del corpo, della mente, puoi supportarlo in tutto e per tutto e puoi rimarcare quanto tutto sia legato ed importante per lui per permettergli di godere di benefici a 360 gradi. Hai tanto di cui parlare e tanto su cui monetizzare, e questa formula è la più vincente in assoluto per un altro motivo non meno importante del precedente. Succede, un giorno, che il tuo marchio cavallo di battaglia fallisce per un qualsiasi motivo. Se il tuo business si poggia su un solo marchio, tu tendenzialmente sei finito.

Lavorare con aziende di Network Marketing Multibrand è la soluzione più intelligente in assoluto.

Internazionale

T'immagini le potenzialità che derivano dalla collaborazione con un'azienda che ha sede in ciascun paese del mondo? Te le racconto io: poter avere una squadra di collaboratori localizzata in giro per il mondo ti permette di diversificare il tuo business e crescere in maniera esponenziale a discapito delle eventuali complicazioni socio-economiche che posso verificarsi in un paese piuttosto che nell'altro. L'Italia per qualche motivo entra in una qualsiasi crisi? No problem, tu hai team in Giappone, o in America, o in Russia. E così via. È inimmaginabile la potenza di un business diversificato e strategicamente geolocalizzato, e l'unica cosa che dovrai fare per accedere ai vari paesi del mondo è trovare un gancio che ti svilupperà il mercato in quel paese, perché invece tutto ciò che riguarda distribuzione del prodotto, materiale a supporto del marketing, strategie di vendita, strategie di espansione, amministrazione, compliance e formazione si occuperà la tua azienda partner! Non è eccezionale? Pensa invece di collaborare con un'azienda con sede unica in Italia. Il tuo business non potrà certamente esplodere e sarà soggetto a tutta una serie di variabili sulle quali tu non hai il minimo controllo.

Moderna e Flessibile

Ho già detto diverse volte che il mercato del lavoro è cambiato molto negli ultimi anni e credo che i cambiamenti siano ben lungi dal terminare. Siamo solo agli inizi di una grande rivoluzione e credo che chi abbia profetizzato la fine del lavoro dipendente non sia un profeta di sventura, ma che ci sia un fondo di verità in quelle parole.

Infatti la crisi del mondo del lavoro è ormai in fase avanzata e trovare un contratto a tempo indeterminato è ormai cosa più unica che rara. Il mondo del lavoro ormai viaggia a grande velocità e ci sono tante persone che possono lavorare da casa semplicemente usando un Pc ed una videocamera.

Adattarsi ai cambiamenti del mercato del lavoro è assolutamente fondamentale per sopravvivere in questo mondo e ormai solo chi riesce ad evolversi ha ancora speranza di essere rilevante sul mercato. Per questo se stai valutando la possibilità di collaborare con un'azienda di vendita diretta, ti consiglio di accertarti che sia moderna, che sia attenta all'evolversi del mercato, che sia concentrata sull'applicare le nuove tecnologie ai suoi prodotti, che sia all'avanguardia nel fornirti strumenti di lavoro smart, tipo App dedicate e portali web di ultima generazione, e che sia flessibile tanto da lasciarti la libertà di decidere come sviluppare il tuo business nel rispetto del compliance.

Questo però non significa che tutte le aziende "rigide" siano negative. Spesso la loro struttura rigida è il loro grande punto di forza ed è quello che le rende particolari e di successo e per alcune persone può essere un vantaggio avere dei binari ben precisi da seguire e delle regole rigide da rispettare. Si tratta anche di una questione di carattere dell'individuo, ma personalmente credo che sia meglio collaborare con aziende moderne (diffidate da chi non ha una buona presenza online, per esempio) e flessibili, che dimostrino di avere a cuore il tuo stesso successo, perché sarà attraverso la tua ascesa nel Network Marketing che anche loro guadagneranno del denaro.

Piano Compensi

Diciamolo chiaramente: chiunque cominci una qualsiasi attività lavorativa lo fa per monetizzare e vivere tranquillamente la sua vita. Chiunque cominci un'attività online, lo fa con l'idea di fare molti più soldi, cambiare la propria vita, e spesso pensando male, lo fa con la speranza di poter vivere sulle spalle dei propri collaboratori.

Fermo restando che questa credenza si scontra poi con la realtà, perché se fai Network Marketing, seriamente, ci devi mettere molto ma molto impegno e dedizione. Il Network Marketing ti dà la reale opportunità di monetizzare molto più di quanto faresti con un lavoro tradizionale.

Non c'è nulla di male in tutto questo e ci sono tanti piani di compensazione che possono portare chi ha la giusta mentalità e talento imprenditoriale a fare davvero tanti soldi. Ogni azienda di Network Marketing ha un proprio piano compensi da proporre, ed ogni aspirante networker deve fare i conti con tanti aspetti prima di prendere la fatidica decisione.

Onestamente lo scopo di questo libro non è trattare tecnicismi, la mia vuole essere una guida per principianti, quindi non elencherò e non sviscererò le categorie di compensation plan che esistono al mondo, sarebbe davvero poco comprensibile per chi come te parte da zero e deve scegliere. Non sei un esperto, così come non lo ero io, e tali informazioni le troveresti molto relative.

Lo scopo di questo libro, invece, è renderti la scelta più chiara e consapevole possibile, quindi ti racconterò quali sono secondo me le caratteriste che un piano compensi deve avere per essere il più remunerativo e soddisfacente possibile.

Nella scelta del piano compensi giusto per te, ma soprattutto nella scelta dell'azienda giusta per te, ti consiglio di prenderti tutto il tempo necessario, di coinvolgere i tuoi cari e chi ti sta vicino, perché se la tua scelta sarà corretta non solo cambierai la tua vita, ma anche quella di chi condivide le sue giornate con te. Ahimè, ho visto tante persone motivate e talentuose commettere l'errore di scegliere in maniera superficiale il loro piano compensi e fallire a causa di questo nel Network Marketing; vedo ogni giorno persone altrettanto talentuose sprecare energia e tempo con realtà che non danno abbastanza, ed il mio scopo è che sempre meno persone sbaglino nella loro scelta.

Senza dubbio è il caso che ti assicuri che ti paghino abbastanza, quindi conviene informarsi sulla percentuale di Payout (ossia il rapporto tra gli utili aziendali e i compensi distribuiti agli incaricati), sui vantaggi aggiuntivi offerti dall'azienda, magari sulla possibilità di ricevere bonus piuttosto che l'accesso ad esperienze di puro lifestyle come viaggi premio, eventi in giro per il mondo, o anche l'accesso a programmi di shopping agevolato per gli incaricati. Insomma, ti conviene valutare anche le possibilità di crescita personale che l'azienda ti offre, oltre che quella economica. Ti conviene capire quanto puoi espandere la tua struttura sia in orizzontale che in verticale, quanta libertà e flessibilità ti lascia nell'organizzare la tua attività. Assicurati insomma che il tuo duro lavoro non passerà inosservato e che verrai ricompensato costantemente per i tuo progressi, che ci sia qualcuno che ti premi per i tuoi avanzamenti in qualifica, che sia riconoscente per il lavoro che stai facendo, perché questi accorgimenti (che non ci sono mai dovuti nella vita normale) sono benzina per la nostra autostima e gas per il nostro motore!

Il tuo perché o punto di dolore

Tutte le azioni che si fanno nella vita o tutte le decisioni che si prendono sono trainate sempre da un concetto chiave: il tuo Perché, il motivo per il quale fai quella determinata cosa.

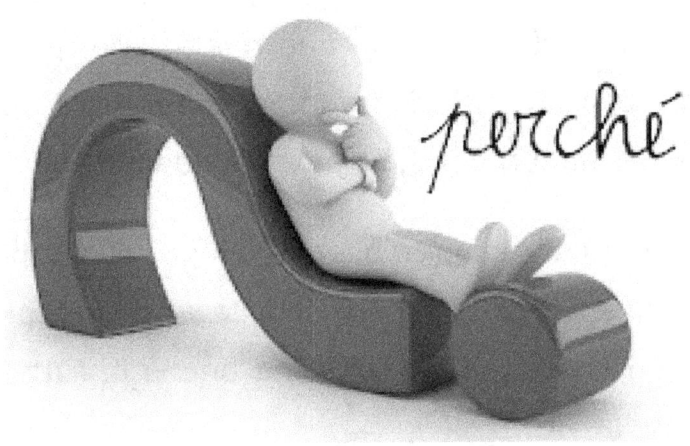

Il proprio perché è la chiave, è la prima delle tre skills da mettere in valigia quando cominci un'attività come questa. Avere la consapevolezza del perché si è intrapreso un percorso come questo ti aiuta e ti incentiva ogni giorno ad andare avanti, a migliorarti, a sfidarti e tirare fuori il meglio di te.

Il perché è la motivazione che ti spinge a portare avanti un progetto, a focalizzarti sul tuo obiettivo, a comportarti in una determinata maniera per portare a risoluzione una situazione.

Più è forte e radicato il tuo perché, più fa male il tuo punto dolore, più sarai determinato a raggiungere i tuoi obiettivi. È pratica comune spargere per casa post-it con su segnato il proprio obiettivo, per evitare di perderlo di vista. Ti faccio una rivelazione, puoi anche dipingerlo sul muro più grande di casa, il tuo obiettivo, ma se non hai un perché trainante non lo raggiungerai!

Se riesci a capire bene il potere del perché, avrai un enorme vantaggio rispetto alle altre persone, non solo nel Network Marketing, ma anche in tutti gli altri campi della vita.

Capire il potere del perché significa compiere un delicato lavoro di analisi interiore con lo scopo di esaminare in modo imparziale tutte le variabili di ogni situazione e capire bene qual è la motivazione principale che porta una persona a comportarsi in quel determinato modo.

Ognuno di noi ha un punto di dolore, più o meno portato alla luce. E se tu sei capace di individuare quello della persona che hai di fronte (che sia un cliente, che sia un incaricato) oltre che il tuo, hai "il coltello dalla parte del manico ", perché sostanzialmente puoi aiutare quella persona a raggiungere il suo punto di risoluzione e trasformazione.

Immagina di essere in contatto con un potenziale cliente che ti chiede informazioni sul tuo prodotto o servizio. Gli racconti le caratteristiche di quel prodotto, gli fai una presentazione tecnica da urlo, ma non gli trasmetti l'informazione fondamentale: questo prodotto è quello che può portarti dal tuo punto A (punto di dolore) al tuo punto B (punto di trasformazione o realizzazione). Hai sprecato tempo e fiato per un semplice motivo: le persone non sono in cerca di informazioni ma di trasformazioni, di vedere risolti i loro problemi, di una soluzione che li porti definitivamente al loro punto B. Mentre gli parli del tuo prodotto devi farlo sognare a tal punto che lui deve già visualizzarsi nella sua nuova condizione. Così ti sarà fedele sempre.

C'è chi ci riesce e chi no, e quelli che hanno successo sono le persone che hanno capito il potere del perché, ed hanno trovato la risposta alla domanda base, quella che ogni persona che entra in questo business deve farsi ogni mattina, e paradossalmente quella alla quale deve rispondere prima di mettersi al lavoro ogni santo giorno, ovvero **"Perché sto facendo questo? Dove voglio arrivare? Chi voglio diventare?"**

La risposta a questa domanda è molto complessa e per nulla immediata. È necessario capire bene chi si è (o chi si ha di fronte), che bisogni si vuole soddisfare, come ci si sentirebbe raggiungendo quel punto B.

Questo lavoro di indagine richiede introspezione, tempo, osservazione e formazione, e sicuramente non sarà immediato, ma con l'esperienza tutto diventerà più facile.

Una volta trovata la risposta al nostro perché, sarà facile mettersi in moto e lavorare costantemente e duramente per il nostro obiettivo. Una volta individuato il perché del cliente sarà molto più facile consigliargli un prodotto e portare a casa il risultato.

Non serve solo trovare la risposta alla domanda "Perché il cliente dovrebbe comprare quello che vendo?", ma anche alla domanda "Perché io sto facendo tutto ciò?".

Ho visto tantissime persone fare per tutta la vita lo stesso lavoro in modo automatico, come dei robot, o come ha descritto Bukowski nella lettera di qualche pagina fa, senza avere la minima idea del perché lo stavano facendo. Era ormai diventato così automatico nelle loro vite che lo facevano senza riflettere, le mani si muovevano da sole e il corpo era rassegnato a fare quelle cose in quel preciso momento, come degli animali addestrati.

Queste persone non hanno mai trovato il loro grande perché, la motivazione che può spingerli davvero a migliorarsi e a capire per quale motivo si svegliano ogni mattina per fare quella cosa. È inutile mentire a sé stessi, chi non ha un perché solido non riuscirà mai a portare a termine i suoi obiettivi e finirà con l'abbandonare tutto alla prima difficoltà.

Se vuoi avere successo nel Network Marketing dovrai partire necessariamente dal tuo perché, dalle fondamenta della motivazione che ti spinge a farlo e non dalla formazione o da un piano di pagamento. Solo chi ha un perché solido riesce a crescere e a fare carriera. Del resto, le case si costruiscono partendo da solide fondamenta, non dal tetto.

Chi non ha un perché finirà irrimediabilmente per non riuscire ad avere successo e mollerà alla prima difficoltà in quanto non ha la motivazione necessaria per andare avanti. Probabilmente non capirà mai il suo errore e darà la colpa a tutti tranne che a sé stesso, e tu non dovrai mai fare questo errore.

Personalmente suggerisco di riflettere attentamente sulle proprie azioni e sulle proprie motivazioni. Sarà un processo che richiederà del tempo ma che è indispensabile per capire che direzione far prendere al proprio lavoro e come migliorare le proprie doti.

E quando condividi la tua opportunità con una persona interessata al business chiedigli sempre qual è il suo perché, e non accontentarti mai di una risposta generica. Chi entrerà a far parte della tua squadra dovrà avere le idee chiare e sapere per quale motivo sta decidendo di stravolgere la sua vita, altrimenti per lui il Network Marketing sarà solo un modo come un altro per cercare di fare più soldi possibile con il minimo sforzo, e aspettati di vederlo abbandonare il team in poco tempo.

Ricorda sempre: parti dal perché e avrai la risposta a tutte le tue domande.

Gli errori da evitare

Nel corso della mia esperienza nel Network Marketing ho fatto tantissimi errori, ma sono sempre riuscita a vedere il bicchiere mezzo pieno. Non erano solo errori, ma occasioni di crescita e la mia esperienza può davvero aiutare le persone a migliorarsi e a non commettere i miei stessi sbagli.

Questo settore è molto competitivo e specialmente all'inizio le cose potrebbero non andare come avevi previsto ed è facilissimo collaborare con aziende che non fanno quello che hanno promesso e che pensano solo al proprio guadagno. Ho già scritto come individuare le migliori aziende con cui collaborare e adesso è il momento di scrivere alcuni dei principali errori da evitare nel Network Marketing.

Troppa teoria

Ti spiego meglio questo concetto: la teoria e lo studio della strategia, sono fondamentali per avviare il tuo business. Ma sai quando possono diventare inutili o addirittura dannose? Quando resti fermo ad aspettare di sapere ed imparare tutto prima di lanciare il tuo business. Da persona precisa quale sono, all'inizio ho fatto l'errore di aspettare di essere pronta per essere pronta. Non è un gioco di parole, in sostanza aspettavo di apprendere tutto nei dettagli prima di partire, ma col tempo ho capito che la cosa più intelligente da fare è formarsi e contestualmente agire, testare, mettere in pratica, smanettare.

All'inizio volevo conoscere tutto del prodotto che dovevo vendere, leggevo libri con consigli per costruire un team di collaboratori di successo e altri consigli imprenditoriali, ma mi limitavo solo a leggerli, con la convinzione che bastasse solo quello per imparare e per andare avanti. Ovviamente la teoria è importantissima, ma la pratica lo è altrettanto o anche di più.

Si imparano decisamente meglio i concetti letti sui libri se si esce allo scoperto e si inizia a praticare, e si comincia a fare clienti e incaricati, ma soprattutto se si comincia a fare errori. Quindi non limitarti alla teoria a ad accumulare solo nozioni, ma mettile in pratica senza timore.

Immagina l'andare in bicicletta. C'è chi lo fa leggendo il manuale del perfetto ciclista e si sente già il nuovo Fausto Coppi, mentre altri iniziano a pedalare in maniera stramba, cadendo e facendo errori, ma perfezionandosi con il tempo. Questo tipo di persona è quella che farà carriera, non chi si limita o basa tutto sulla sola teoria.

Posso capire la buona volontà e il desiderio di fare bella figura che spingono le persone a basarsi molto (o anche troppo) sulla teoria, ma se hai i mezzi e non li usi la teoria ti è servita a poco.

Insistere troppo per avere clienti

Solitamente le persone che iniziano con il Network Marketing cercano di vendere qualcosa ai membri della propria famiglia, agli amici o conoscenti. Sono le persone che hanno più vicino e che potrebbero essere interessate a dargli una mano per avviare il proprio business e magari anche ad entrarci, ma i neofiti commettono spesso un grande errore.

Sono troppo insistenti, non sono pazienti, non accolgono i NO.

Non voglio colpevolizzare nessuno con queste parole. Hanno appena iniziato, vogliono guadagnare e sentirsi gratificati, è comprensibile, ma farsi prendere dalla fretta e usare insistenza porta un ad un solo risultato: il rifiuto. Mi è capitato spesso di confrontarmi con persone da poco in attività, demoralizzate dalla lentezza dei risultati; a loro spiego sempre che il "no" ricevuto da un presunto cliente o distributore è quasi sempre un "non ora"; spesso chi ci chiede informazioni lo fa per curiosità, spesso non ha un reale punto di dolore da risolvere, ma altrettanto spesso, a distanza di tempo, quella persona torna a valutare la nostra proposta perché le sue esigenze sono cambiate. Detto questo, ammesso che sia un definitivo "no", evidentemente non c'è interesse nell'opportunità di miglioramento (che sia legata al prodotto o all'opportunità), ed in questo caso l'unica cosa che bisogna pensare è "peggio per lui/lei" !

Una volta ricevuto il no è il caso di non insistere, per diversi motivi. Il primo è che le persone potrebbero irritarsi molto ad avere a che fare con un incaricato insistente (il messaggio che si manda è che la risposta del cliente non conta nulla ma paradossalmente che siamo noi ad avere bisogno del cliente, e non il contrario) o con una persona disperata alla ricerca di vendite, e il secondo è il possibile rischio del deterioramento dei rapporti con quella persona.

In entrambi i casi non ne vale la pena e l'insistenza nel cercare di convincere una persona a fare qualcosa che non vuole davvero fare, danneggia e deteriora l'immagine dell'incaricato. La reputazione è importantissima in questo lavoro e comprometterla comportandosi come se ogni contratto sia fondamentale per il destino del mondo è negativo. Mai dare l'impressione di essere alla disperata ricerca di contratti o di vendite e pensa sempre che sono loro a rinunciare alla tua opportunità, e non viceversa.

<u>Spari nel mucchio</u>

Cosa si intende per "sparare nel mucchio"?

È il gesto che fanno i cacciatori quando trovano uno stormo di uccelli o un branco di animali. Iniziano a sparare senza avere un vero obiettivo semplicemente mirando al mucchio di animali, nella speranza di colpire qualcosa.

È una tattica che può avere successo, ma che costa un gran numero di pallottole e che non è sempre consigliata. Lo stesso vale per il Network Marketing. Devi evitare di sparare nel mucchio e inviare richieste a tanti clienti anche diversi tra loro e sperare che qualcuno risponda per la legge dei grandi numeri. Si tratta di uno spreco di tempo e di denaro.

Cerca piuttosto, partendo dal perché, di capire che target di persone può essere davvero interessato alla tua opportunità e fai contatti mirati. Sarà necessario un lavoro di ricerca più approfondito, ma i risultati saranno molto più soddisfacenti. Per esempio, se vendi abbigliamento tecnico per atleti è ottimo rivolgersi a calciatori e atleti professionisti e non semplicemente iniziare a contattare tutte le persone che si conoscono o che si definiscono "sportive".

Mai iniziare qualcosa senza una strategia o un piano ben studiato nella mente.

La mentalità del dipendente

Il dipendente è la persona che lavora alle dipendenze del datore di lavoro e che ha limitate responsabilità. Ha un orario di lavoro fisso, prende più o meno il solito stipendio e può anche restare a casa o lavorare con più calma quando la situazione lo permette.

Del resto, il bonifico arriva lo stesso a fine mese.

Se vuoi diventare imprenditore nel Network Marketing dovrai cambiare questa mentalità (che molti ex dipendenti hanno ancora), perché non ci sarà nessuno a pagarti lo stipendio, sarai tu ad essere l'unico responsabile delle tue entrate. Ecco perché dovrai alzarti tutte le mattine determinato ad ottenere il massimo da ogni situazione, senza essere insistente con chiunque, ma nemmeno permettendoti il lusso di perdere tempo con gente evidentemente non interessata già in partenza. Dovrai entrare nel mindset di un imprenditore: padrone del proprio destino e totalmente responsabile delle sue entrate.

Cambiare spesso settore

Conosco gente che è costantemente alla ricerca dell'opportunità che porti alla svolta, che affianca al Network Marketing che già fa, un secondo o un terzo network per avere più entrate possibili. Purtroppo questa maniera di fare è molto molto controproducente per un motivo ben preciso: se sposti il focus costantemente da un'attività all'altra non riesci mai a concentrarti nel fare bene ognuna di quelle. Sarebbe il caso di concentrarsi sul network più redditizio o potenzialmente più redditizio e sfoderare tutte le competenze o acquisirne di nuove per poter sfondare davvero in quel network. Tra l'altro, per valutare se un'opportunità può fare per te devi darti del tempo, devi darti un anno orientativamente, perché devi capire i meccanismi, metterti in moto, correggere eventualmente i tuoi errori, perseverare nel portarlo avanti nella migliore maniera possibile e solo dopo tirare le somme.

Non mentire

Mai mentire, in generale! Mai mentire ad un potenziale cliente pur di vendere, mai mentire ad un potenziale incaricato pur di averlo in squadra, mai ricorrere a sotterfugi pur di raggiungere il proprio scopo!

Sei un professionista, sei un imprenditore, devi guadagnarti la stima e la fiducia dei tuoi clienti e dei tuoi prospect, e l'unico modo che hai per farlo è essere sempre trasparente, sincero, limpido.

Mentire non è solo disonesto, ma è anche poco professionale.

Dal successo nel business al successo personale

Storie di successo

Ci sono tante storie di successo in questo settore, conosco personalmente tante persone che hanno letteralmente e radicalmente cambiato la loro vita grazie al Network Marketing. Donne e uomini, indistintamente.

Parlo di gente comune, mamme, papà, casalinghe, operai, anche persone con un impiego in settori importanti tipo quello bancario o degli investimenti. Gente normale, ognuno con la sua storia, alcuni con seri problemi economici, altri benestanti, alcuni in cerca di lavoro, altri con occupazioni ambitissime. Tutte con un denominatore comune: la Vision di una vita in totale libertà.

Quando parlo di libertà non mi riferisco necessariamente a quella economica, parlo anche di libertà nella gestione del tempo e del luogo di lavoro, la libertà di gestirsi in completa autonomia, la libertà di svegliarsi la mattina ed essere l'unica persona che potrà dirti quello che devi fare.

Quando ho cominciato a fare Network Marketing ho dovuto credere prima di toccare con mano, perché non hai la contezza di come andrà la tua attività, l'unico riferimento che hai sono le persone che lo hanno fatto prima di te. E allora leggi storie, ti immedesimi, ti riconosci, ti emozioni, e sogni. Hai un'unica certezza: se centinaia di persone ce l'hanno fatta prima di te puoi riuscirci anche tu, pensi che in fondo non hai nulla da perdere, non ti costa nulla provarci.

Sono queste le riflessioni che ho fatto un attimo prima di dire quel fatidico si. Non avevo competenze così come non ne avevano loro, non sapevo da dove cominciare, cosi come loro, ma in comune una cosa ce l'avevamo. Volevo anch'io essere libera di gestire la mia vita e il mio tempo in totale libertà.

E così ho fatto, ed esattamente questo ho realizzato.

Network Marketing sui Social Media

Per diverso tempo il Network Marketing si è svolto principalmente con il passaparola e con il lavoro dei collaboratori che cercavano nuovi clienti in viaggio o tramite le loro conoscenze, ma questo modo di vendere è ormai obsoleto, da quando sono arrivati i social media.

I social media sono un argomento sempre controverso e attuale. Permettono di tenere i contatti con persone che non si vedono spesso, permettono di conoscere nuovi amici e di trovare l'amore e di lavorare, ma possono essere anche luoghi pieni di odio, fake news e propaganda politica della più bassa levatura.

I social sono tutto questo e molto altro, ma fondamentalmente sono solo un mezzo di comunicazione, e come tutti i mezzi è il modo in cui si usano a fare davvero la differenza. È come un coltello, ci puoi imburrare una fetta di pane e tagliare il cibo per sfamarti o tagliare la gola a una vittima e diventare un serial killer, la differenza è solo nel modo in cui si usa quel mezzo.

I social sono un potentissimo mezzo per promuovere il tuo Network Marketing e raggiungere tanti nuovi clienti perché la platea di persone che li usano è illimitata e il potenziale pubblico è vastissimo. Devi solo usare i social nel modo migliore e il tuo business non potrà che beneficiarne.

La maniera che io ho di usare i social oggi è molto diversa rispetto a tre anni fa ovviamente. Prima ero un fantasma, nel senso che avevo il profilo ma lo usavo solo per curiosare, non sono mai stata attiva, non avevo grande interesse nell'argomento social in realtà.

Poi quando ho cominciato a lavorarci, ho avuto la prova tangibile del fatto che quella era la mia porta sul mondo, perché di fatto attraverso il mio profilo ho avuto la possibilità di fare clienti e incaricati in Italia ma anche fuori. Non sono mai stata una "spammatrice" di contenuti (e non lo sono tuttora) non ho mai fatto pubblicità esasperante, sono sempre stata contraria a fare del mio profilo la vetrina di un negozio pieno di prodotti e prodottini.

Ho sempre fatto parlare la mia esperienza personale, ho sempre raccontato ciò che stavo facendo, perché lo facevo, chi ero, qual era la mia storia, che ambizioni avevo, che sogni avevo. Questo per un semplice motivo, la gente che mi segue sui social lo fa con lo stesso scopo che avevo io anni prima, ossia curiosare. Chi usa i social per svago è infastidito e tende a non seguire chi sfrutta il proprio profilo per pura vendita.

Pensaci: anche tu sei sui social per curiosare, vero? Se uno sconosciuto chiede la tua amicizia (parlando di Facebook per esempio) qual è la prima cosa che fai? Guardi il suo profilo! E se questo profilo non contiene altro che pubblicità, volantini, informazioni tecniche su questo o quell'altro prodotto, tu che fai? Te lo dico io, rifiuti e vai avanti!

Sai perché? Perché tu odi l'idea che qualcuno ti contatti per chiederti di acquistare qualcosa!

Ti faccio un altro esempio: ricevi una richiesta di amicizia da parte mia, che sono amica di una tua amica. Prima cosa, guardi il mio profilo, e trovi una persona normale, con una famiglia normale, spesso è in viaggio, la vedi felice, la vedi realizzata, parla di sè, condivide vita normale. Sai che fai? Probabilmente, accetterai la mia amicizia, perché ti incuriosisco, e perché l'idea di seguire la mia storia come se stessi seguendo una fiction ti alletta.

Chiaro il concetto?

Alla luce di questo, se intendi usare i social per fare Network Marketing, ti do qualche semplice consiglio:

Non fare mercatino sul tuo profilo, e soprattutto non spammare i tuoi prodotti o servizi sui profili dei tuoi amici.

Non trascurare i contenuti nella comunicazione, ma di contro non pensare che scrivere epistolari serva ad attirare l'attenzione dei tuoi lettori.

Sii te stesso e non crearti un personaggio, la gente si innamorerà di te per ciò che sei.

Cerca sempre di mantenere un tono cortese, senza mai cadere nelle provocazioni degli haters e senza mai dare adito a polemiche inutili.

Concentrati sulla qualità e sulla bellezza delle foto, sono la più grande arma che hai.

Usa le stories per farti conoscere e per acquisire la fiducia di chi ti segue.

Sfrutta anche tutte le possibilità che offre YouTube. Molto spesso un video (o anche solo una pubblicità) sono molto più efficaci di mille post.

Crea un blog con una newsletter e aggiornalo costantemente senza fare dei copia/incolla dei post sui social. L'ideale sarebbe integrarli espandendo quello che sui social non si può dire per motivi di spazio. Cerca di incentivare i tuoi spettatori ad iscriversi alla tua newsletter e a lasciare il loro indirizzo mail con qualche dono, contestualizzato e utile per chi ti legge, e non dimenticare di creare una sezione dove poter cercare dei nuovi collaboratori.

Ricordati sempre che il contenuto è il Re. Non usare mezzi scorretti per scalare i motori di ricerca o per diventare virale. Se proponi contenuti di qualità basteranno quelli a farti diventare virale.

Vendere sui social suscitando contatti spontanei

In questi anni di Network Marketing ho avuto modo di conoscere ed entrare a stretto contatto con tante aziende concorrenti e con le loro strategie.

La maggior parte delle strategie di marketing è centralizzata sul prodotto e sulle sue caratteristiche tecniche.

Tanti network prevedono che per vendere sia necessario spammare volantini a destra e a manca, contattare la gente sui social offrendo questo o quell'altro prodotto, fare pubblicità esasperanti.

Bene, ti do una notizia, questa maniera di fare è vecchia ormai, oltre che fastidiosa per chi la subisce e lenta nel portare risultati.

Mi riallaccio velocemente a quello che ho scritto nel capitolo precedente, ossia che normalmente le persone vanno sui social per curiosare, non per acquistare.

Ho imparato nel tempo che il modo più produttivo di usare i social media nel Network Marketing è riportare la mia esperienza, far parlare i fatti, raccontarmi, contestualizzare il mio prodotto o servizio nella quotidianità, raccontare i benefici che io ho provato, raccontare come la mia vita è migliorata, far parlare le testimonianze delle mie clienti, portare dei feedback reali.

I miei contatti social sono incuriositi dalla mia comunicazione, si rivedono nella mia storia ed in quella delle mie clienti, desiderano cambiare così come sono cambiata io e mi scrivono in modo del tutto spontaneo.

Io sono una storyteller, racconto storie, la mia storia e quella delle mie clienti, racconto le storie di ragazze che come me hanno cambiato la loro vita grazie al mio prodotto o al mio business, è questa la chiave.

Alla gente non interessano le caratteristiche tecniche di un prodotto, la gente vuole vivere emozioni, vuole che la si porti dal suo punto A al suo punto B.

E se sei bravo a far emozionare le persone, a provocare loro le farfalle nello stomaco, hai vinto! Se ci rifletti, così facendo tu sposti il focus dal tuo prodotto a te, sei tu la chiave, paradossalmente potresti vendere qualsiasi cosa, perché la gente impara a conoscerti attraverso la tua comunicazione, sa chi sei, sa come ti comporti, torna sui social apposta per venire sui tuoi profili e per vedere che stai facendo oggi.

Leghi le persone a te, diventi la loro fiction preferita, imparano a fidarsi di te.

La frase più bella che mi sono sentita spesso dire in chat è: "Ciao Alessandra, anche se abitiamo ai due lati opposti del mondo e non ti conosco di persona, mi sembra di conoscerti da una vita."

Figo, no?

Come si fa a raggiungere questo obiettivo? Devi crearti il tuo Personal Branding.

Cosa è il Personal Branding?

È l'insieme di attività promozionali che si mettono in atto per promuovere sé stessi, il proprio nome, la propria identità, il proprio brand insomma. Prendiamo per esempio il calciatore Cristiano Ronaldo, un esempio perfetto di Personal Branding. Riconosciuto e stimato

È un atleta di successo, probabilmente uno dei migliori del mondo nel suo sport, professionista esemplare che detesta perdere e che ha una cura maniacale del proprio corpo. Questo si percepisce subito dalla sua immagine pubblica. Le foto di Ronaldo mentre indossa il suo intimo o mette in mostra gli addominali sono sempre molto popolari e hanno aiutato il suo brand a crescere. E lo stesso vale per i risultati sul campo che gli hanno fatto vincere tantissime competizioni sportive e ottenere contratti faraonici con tanti brand. L'immagine che viene comunicata è che Cristiano Ronaldo è un vincente, una persona che non si accontenta mai del secondo posto e che vive nel lusso grazie ai risultati che ha ottenuto con talento e impegno costante tutti i giorni.

Le persone amano questa narrativa di Ronaldo e comprano i prodotti che sponsorizza, specialmente abbigliamento sportivo, gel per capelli e indumenti intimi.

Nel Network Marketing il concetto di Personal Branding è fondamentale perché la reputazione è il tuo biglietto da visita, è la prima cosa che il tuo interlocutore conoscerà di te. Se sei sciatto, poco propenso al dialogo o se combini solo una serie di pasticci allora difficilmente riuscirai a convincere qualcuno ad entrare in squadra o ad acquistare il tuo prodotto. La reputazione è difficilissima da costruire e si può rovinare in un solo secondo per degli stupidi errori, con conseguenze negative gravissime per tutto il business.

Dal momento in cui decidi di avviare la tua attività, a maggior ragione sui social, la tua immagine diventerà il tuo biglietto da visita.

Il tuo Personal Branding si costruirà col tempo e con la presenza costante sui social media, sappi che, la cosa migliore che tu possa fare, è diventare la versione migliore di te stesso.

Attenzione! Non ho detto APPARIRE la versione migliore di te stesso, ma DIVENTARE.

Questo implicherà sacrificio, in alcuni momenti vorrai mollare, ti sentirai scoraggiato perché ti sembrerà di non avere riscontro. Ma ti assicuro che starai investendo tempo e fatica per il tuo piccolo orticello.

Hai visto mai un contadino seminare il suo campo e raccoglierne i frutti il giorno dopo?

Le persone comprano te, non il prodotto che vendi

Abbiamo già parlato di Personal Branding e questo capitolo serve a rafforzare un concetto. E' giusto ribadire che le persone saranno maggiormente interessate a te e non al prodotto che vendi, questo perché apprezzeranno principalmente il tuo Personal Branding e solo successivamente i prodotti che vendi. Le persone che comprano l'intimo sponsorizzato da Cristiano Ronaldo lo fanno perché apprezzano il giocatore e di conseguenza il prodotto che pubblicizza.

CR7 potrebbe sponsorizzare un altro brand di abbigliamento e le persone lo comprerebbero senza quasi notare la differenza. E lo stesso vale per il Network Marketing, infatti, si verifica costantemente che tanti clienti seguono i venditori quando passano a un brand rivale: gli interessa fare affari con loro, indipendentemente dai prodotti che vende.

Dovrai quindi curare il tuo brand e diventare autorevole, cercare di stabilire un rapporto profondo con i tuoi clienti e con la tua squadra in modo che desiderino principalmente fare affari con te e non con i prodotti che proponi.

Formazione: chiave del successo

Si dice che non si smette mai di imparare nella vita e questo è più vero che mai nell'epoca storica che stiamo vivendo. Il progresso viaggia velocemente (forse anche troppo) e ogni giorno si scoprono cose nuove e si aggiornano sistemi e prodotti che vengono usati da milioni di persone.

Adesso ti svelo la seconda skill, "La voglia di formarsi" che serve mettere in valigia quando si comincia questa attività, indispensabile se vuoi avere successo e crescere.

Quando ho cominciato a fare Network Marketing avevo fame di informazioni, restavo sveglia fino alle tre di notte per guardare video formativi e seguire i corsi online ai quali avevo avuto accesso, ero adrenalinica e super-eccitata, avevo l'atteggiamento di chi voleva imparare, mettersi in gioco e diventare una persona migliore!

Appena avviata la mia attività, ho avuto accesso ad una formazione attenta e meticolosa, questo è un lavoro e come tale necessita di studio. La formazione che devi pretendere dal tuo team quando entri a far parte di un'azienda deve essere rivolta alla conoscenza del prodotto o dei servizi che andrai a proporre, ma anche all'approccio e alla comunicazione con il cliente finale o con il nuovo membro della tua squadra, deve insegnare a muoverti agevolmente e in maniera intelligente e strategica sui social (che sono degli strumenti con cui lavorare), deve permetterti di capire come fare questo lavoro nel modo più produttivo possibile.

Quando prima dicevo che non ha senso aspettare di sapere tutto per partire intendevo proprio questo. Questo è forse l'unico business nel quale puoi cominciare a lavorare mentre ti formi, e puoi cominciare a monetizzare mentre ti formi. Nei lavori tradizionali devi presentarti con un curriculum che parla per te e nel quale devi risultare già esperto in quello che è il lavoro per il quale ti proponi. Il Network Marketing è un business che ama la velocità, qui tempo da perdere non ce n'è.

Essere sempre aggiornati e imparare costantemente è fondamentale per avere successo nel Network Marketing e nella vita. Quando valuti la nuova azienda con la quale collaborerai assicurati che offra anche dei corsi di formazione e di aggiornamento GRATUITI e periodici a tutti i collaboratori.

Non puoi assolutamente permetterti la figuraccia di dare delle informazioni sbagliate al cliente o al tuo prospect o di non saper rispondere nel modo corretto a tutte le domande. È meglio conoscere alla perfezione il prodotto ed essere costantemente aggiornati.

Sono sempre stata abituata anche a formarmi al di fuori della mia azienda, e l'ho fatto banalmente acquistando libri nei quali si parla di Marketing, di crescita personale, di tecniche di vendita, di come rapportarsi con gli altri. Questa è sicuramente una maniera intelligente di formarsi in parallelo alla formazione che offre l'azienda con la quale collaborerai. La cultura generale è molto importante e sapere il maggior numero possibile di cose, sarà utile in tantissimi ambiti della vita.

L'apprendere da fonti diverse ti dà poi la possibilità di adottare quello che nel metodo scientifico viene chiamato principio della ripetitività.

Cosa significa?

Un esperimento scientifico per essere ritenuto valido e in grado di provare una teoria deve rispettare alcuni parametri e il più importante di tutti è quello di poter essere ripetuto un numero infinito di volte e di dare sempre lo stesso risultato. Viene considerato il principio alla base di tutte le scoperte scientifiche e questo principio deve diventare parte integrante del tuo metodo di lavoro.

La formazione è basilare, ma diventa completamente inutile se non si riesce a metterla in pratica o se si dimostra molto inefficace nel corso del tempo. È quindi necessario per prima cosa imparare tanti concetti diversi ma poi anche capire come usarli con successo, sviluppando quindi un personale metodo che possa essere efficace nella stragrande maggioranza dei casi (e quindi ripetibile). Questo deve essere l'obiettivo della formazione, non quello di accumulare solo dei concetti senza saperli mettere in atto o che si rivelano inefficaci nel momento del bisogno.

Ricorda sempre di essere aggiornato su quello che è il fulcro del tuo business e di scegliere delle aziende che offrono corsi di formazione e di aggiornamento costanti nel tempo.

Il tempo è la tua risorsa fondamentale

Come avrai potuto leggere, il Network Marketing richiede tempo per poter rendere al massimo delle sue possibilità. Questo non significa che non può essere adattato ad un lavoro preesistente, perché ognuno decide quanto tempo dedicare a questa attività con la consapevolezza che raccoglierà risultati in proporzione. Dovrai anche mettere in conto che qui non sei più un dipendente, ma il vero artefice del tuo guadagno, e questo significa che sarà importantissimo riuscire a ottenere il massimo risultato con la giusta organizzazione.

Non puoi permetterti il lusso di perdere tempo in contatti inutili o in attività che non portano a niente, devi imparare quindi a pianificare bene le tue giornate, questo è importantissimo.

Ecco dei suggerimenti per ottimizzare al meglio il tempo:

Pianifica attentamente tutta la tua giornata e la settimana. Sarà molto più facile tenere traccia di tutti gli impegni in questo modo.

Stabilisci degli obiettivi da raggiungere (anche non troppo ambiziosi) e datti una scadenza. Le persone lavorano meglio e più velocemente quando hanno una scadenza da rispettare.

Crea una "To Do List" di cose da fare tutti i giorni e fai in modo di controllarla la mattina in modo da capire bene cosa fare (oltre che a guardare la pianificazione settimanale).

Quando lavori cerca di ridurre le distrazioni al minimo, silenzia il cellulare o disabilita l'accensione dello schermo del tuo smartphone all'arrivo di notifiche.

Cerca di svolgere per prime le attività che ti portano via meno tempo e poi quelle più impegnative.

Ricorda sempre che il tempo è una freccia che viaggia solo in avanti e non sarà mai possibile tornare indietro e recuperare tutto il tempo perso. Tutti abbiamo 24 ore disponibili al giorno. La differenza tra chi ha successo e chi non lo ha è semplicemente il fatto di sfruttare al meglio queste 24 ore.

Costruire un business di successo

Leadership: Mentalità Positiva

Quando avvii la tua impresa nel Network Marketing non puoi non avere chiaro l'unico meccanismo che ti porterà al successo: creare un team di distributori e diventare il loro Leader. Questa è l'unica maniera che hai per crescere in maniera esponenziale e assicurarti un passivo automatico e ricorrente. Diversamente dovrai dedicarti alla vendita a vita, ma immagino che il tuo scopo non sia fare il venditore per il resto dei tuoi giorni.

Essere un Leader ed un esempio da seguire per gli altri non è assolutamente facile. È necessario sviluppare delle competenze che tendenzialmente non ci si inventa, che acquisisci col tempo, che derivano da errori, e correzioni, e tentativi, ma soprattutto dallo studio, dalla lettura, dalla formazione. Leader sicuramente non nasci, ma puoi certamente diventarlo. Dovrai essere la loro guida, dovrai dare l'esempio, dovrai supportarli, ma dovrai anche imparare a lasciarli liberi di fare le loro scelte. Ho sbagliato tanto in passato, ho cercato sempre di imparare da quegli sbagli, sicuramente di sbagli ne faccio ancora, ma se può esserti utile questa piccola esperienza io ne sono molto felice. Vediamo insieme come si può creare una mentalità da Leader.

Per prima cosa è necessario capire che ci sono due tipi di Leader (oltre che alla versione autoritaria/autorevole), quello con una mentalità fissa (in inglese definita come fixed mindset) e quelli con una mentalità di crescita o mobile (growth mindset) e queste due mentalità sono molto diverse tra di loro ed è necessario cercare di capire immediatamente che tipo di mentalità si possiede in modo da capire cosa migliorare per essere un grande Leader.

Le persone e gli imprenditori con una mentalità **fissa** sono persone che credono che il talento sia innato, ci sarà per sempre e che sia resistente a tutto. In poche parole, si nasce con un talento (cantare, dipingere), è assolutamente inutile allenarlo con delle scuole apposite (hai già il talento, non serve affinarlo) e se si fallisce era assolutamente inevitabile, dato che mancava il talento per portare a termine quel determinato compito.

Questo tipo di Leader non è bravo a motivare il team e anzi, è un vero talento naturale nel demotivarlo, dato che non apprezza la creatività di chi non ritiene abbastanza talentuoso, è il primo a puntare il dito contro, per sottolineare i fallimenti (non vi dico quante volte, nel mio lavoro tradizionale, mi sono sentita dire che non avevo il talento per fare qualcosa e il fallimento era già annunciato) e il suo team lavora sotto stress, in un clima demotivato e sicuramente non vede l'ora di andarsene e mandarlo a quel paese.

Chi invece ha una mentalità di **crescita** riconosce indubbiamente che ci sono persone con un grande talento innato, e persone che hanno meno talento ma si impegnano sempre al massimo; queste ultime posso raggiungere ed anche superare i talentuosi di natura.

Questi Leader credono che tutti possano imparare ogni attività e hanno il massimo interesse nel mettere ogni collaboratore nella condizione di rendere al meglio, sfruttando al massimo quello che sanno fare e minimizzando le debolezze. Sono grandi motivatori e le persone che lavorano per loro sono contente e sono spronate a dare il meglio.

Appare quindi evidente che il mindset corretto per essere un grande Leader è quello di crescita. Alcuni riescono ad avere questo mindset in modo naturale, mentre per altre persone è il risultato di un percorso di apprendimento di crescita personale e professionale. Questi sono i consigli che ho imparato nel corso della mia carriera e che mi hanno permesso di sviluppare un mindset di crescita che riesce a motivare al meglio tutti i miei collaboratori.

Non colpevolizzare il fallimento

Tutti noi detestiamo fallire. Fallire e commettere un errore equivale a perdere tempo e denaro, spesso porta frustrazione, ti mette nelle condizioni di autoanalizzarti e chiederti se sei veramente in grado. Il Leader che ha una mentalità fissa detesta il fallimento e non esita a criticare in modo distruttivo chi ha sbagliato, facendolo sentire incapace e inadatto a fare quel lavoro, distruggendo autostima e voglia di lavorare.

Ma questo non è il mindset del Leader che ha una mentalità di crescita. Per prima cosa queste persone accettano il fatto che chiunque può sbagliare e quindi nessuno è nella posizione di accusare gli altri per un errore. Inoltre non si criminalizza uno sbaglio, ma si cerca di capire cosa è andato storto e come migliorarlo in modo che non accada mai più. Lo sbaglio viene trasformato in una nuova occasione di crescita e la storia è piena di grandi successi e invenzioni che hanno cambiato la vita di milioni di persone che sono nati da sbagli, come per esempio la penicillina, scoperta dopo che Alexander Fleming dimenticò delle capsule con dei batteri aperte in laboratorio e notò che successivamente era nato un fungo che aveva distrutto tutti i batteri. Era stata scoperta la penicillina e messa la base per tutti gli antibiotici moderni.

Eppure tutto era nato per un errore, che però era stato affrontato con la corretta mentalità e trasformato in un'occasione di crescita.

Ricordati di non colpevolizzare mai il fallimento. Sii propositivo, regala parole comprensive e analizza la situazione, cercando di fare in modo che non si ripeta; questo è molto più efficace di qualsiasi rimprovero. Dai sempre la possibilità ai componenti della squadra di salvare la faccia, specialmente davanti a tutti gli altri, se volete lavorare con persone sempre motivate.

Riconoscete gli sforzi dei collaboratori

Diversi esperti di psicologia, tra cui Dale Carnegie, sono arrivati alla conclusione che le persone vogliono solo sentirsi apprezzate dagli altri e dai propri superiori. Vogliono ricevere dei complimenti sinceri e percepire che il loro lavoro è sempre apprezzato. Poche parole di lode sincera possono rendere più efficaci i collaboratori rispetto a regole e rimproveri.

Se ringraziata e stimolata, la tua squadra lavorerà con il massimo impegno, sarà stimolata dal tuo esempio a creare a sua volta il suo gruppo di networkers e questa dinamica di duplicazione si ripeterà in positivo all'infinito. Lodali quando riescono a portare a termine il loro lavoro nel modo migliore, ma fallo in modo sincero, altrimenti queste parole verranno percepite come una presa in giro o come una lode con un secondo fine.

Ricorda che i complimenti riescono a spronare le persone come nient'altro al mondo. Un vero Leader è sempre generoso nel lodare e sempre molto prudente nel criticare gli altri, perché può essere anche il primo a commettere degli errori.

Trovate il lato positivo in tutto

Si dice che l'ottimista sia una persona che vede il bicchiere sempre mezzo pieno e questa definizione è perfetta per il Leader che dovrai essere.

Non è sempre facile essere positivi nella vita, lo devo assolutamente riconoscere ed è una dote sulla quale sto ancora lavorando molto, ma è indispensabile per essere un vero Leader. Per esempio, mettiamo il caso che i collaboratori non abbiano raggiunto l'obiettivo che si erano posti.

Una situazione spiacevole che può demoralizzare anche l'intera squadra, se il rapporto che c'è tra i suoi componenti è di stretta collaborazione, può avere delle conseguenze spiacevoli per tutti, ma a fare la differenza sarà principalmente il modo in cui tu Leader la affronterai.

Chi ha una mentalità fissa farà il diavolo a quattro, domandandosi dove abbiano sbagliato i collaboratori e chiedendosi per quale motivo sono stati così incapaci, con conseguente rimprovero e prospettive di ridimensionamento. Questi Leader credono che i venditori avranno paura di vedere di nuovo quella reazione e che diventeranno più produttivi, ma non funziona così. L'unica cosa che si otterrà è quella di demotivare le persone, umiliarle e metterle inutilmente sotto pressione.

Chi ha invece una mentalità di crescita sa bene che è inutile fare fuoco e fiamme a causa di un fallimento, piuttosto sa che è possibile trasformarlo in una nuova occasione di crescita. Questo tipo di Leader si mette al tavolo con i collaboratori, cerca di capire con loro cosa è andato storto, cerca comunque di analizzare i risultati positivi e li ringrazia per aver comunque limitato i danni, facendo tesoro di tutte queste esperienze senza mettere mai in dubbio le competenze e il lavoro dei collaboratori.

Essere un buon esempio

Un vero Leader con la mentalità di crescita sa bene che spesso le parole non sono abbastanza per motivare le persone e che è assolutamente necessario far seguire i fatti alle parole. Il Leader deve essere un esempio di comportamento per tutti i collaboratori, deve mostrare a tutti come fare per ottenere successo (lavorare duro, in maniera intelligenza, rispettando le regole, coltivando spirito di iniziativa e continuando a formarsi costantemente) e deve anche portare alla luce quali sono i benefici economici, di lifestyle, di approvazione sociale che il suo duro lavoro comporta. Non per fare lo sbruffone della situazione, ma per dimostrare che se ce l'ha fatta lui con le sue forze può farcela chiunque altro. Deve dare vision in sostanza, perché i componenti della sua squadra possano capire che determinate dinamiche si verificheranno matematicamente in proporzione agli sforzi implicati nella gestione e nell'esecuzione del duro lavoro.

Tirare fuori il meglio dagli altri

Ogni persona nel mondo nasce con dei punti di forza e dei punti di debolezza che può (anzi, deve) individuare al più presto e usare per avere successo nella vita. Un altro dei compiti di un Leader che ha una mentalità di crescita consiste nel mettere ogni collaboratore nella posizione dove può dare il meglio.

Il compito non è facile, richiede grandi capacità di analisi e di pianificazione che spesso porteranno a errori di valutazione, ma se si riuscirà ad individuare l'X-Factor di ognuno allora non ci saranno problemi di sorta e tutto il processo del Network Marketing sarà predisposto per rendere al massimo.

Infatti mettere le persone in condizione di esprimere al massimo i loro punti di forza e nascondere (o minimizzare) tutti i loro punti deboli è il modo migliore per portare un progetto al successo. Dovrai pensare di essere anche un allenatore e mettere ogni collaboratore nella posizione giusta per vincere la partita. Ripeto, non sarà facile e preparati a fare una serie di grossolani errori, ma è il modo migliore per ottenere ottimi risultati nel lungo periodo.

Inoltre in questo modo sarà facile trovare dei Leader naturali che potranno aiutarti nella gestione della squadra. Spesso ci sono persone che hanno un mindset di crescita e non lo sanno. Sviluppare questo talento li aiuterà a crescere professionalmente e a diventare validi Leader. I migliori, infatti, hanno raggiunto questa posizione con il tempo, duro lavoro e con il miglioramento personale, non sono stati nominati da qualcuno.

Autoritario o autorevole?

Poco fa ho scritto che ci sono due tipi di Leader (a prescindere dal mindset), ovvero quello autoritario e quello autorevole.

Cosa cambia?

Quello autoritario ha una mentalità fissa, si impone sui collaboratori e spesso è difficile lavorare con lui. In diversi casi è stato nominato in quella posizione senza averla "guadagnata sul campo".

Quello autorevole è invece dotato di mentalità creativa e ha un modo di fare diverso. Quando parla la gente lo ascolta e difficilmente perde il controllo e critica, anzi è il primo a lodare i successi degli altri. Nella maggior parte dei casi si è "fatto le ossa" con una gavetta ed è rispettato da tutti. Lavorare con questo Leader è facile.

Vuoi essere autoritario o autorevole? Temuto o rispettato?

Il mantra

Per finire, quello che è forse il miglior consiglio: basa il tuo mindset da Leader su queste parole e noterai immediatamente dei grandi miglioramenti.

Le parole sono queste:

- ❖ Affidabilità (se prendi un impegno portatelo a termine).

- ❖ Potenziamento (migliora costantemente ogni giorno).

- ❖ Responsabilità (accetta le conseguenze delle tue azioni).

- ❖ Iniziativa e Problem-Solving (trova soluzioni per risolvere i problemi).

Segui questi consigli e scoprirai il Leader che è dentro di te!

Mindset vincente

Il Network Marketing è un lavoro che richiede passione e impegno, costante contatto con la gente e una considerevole parte del vostro tempo, almeno all'inizio. Se vuoi un semplice lavoro da dipendente con poche responsabilità e con orari dalle 9 alle 18, allora questo settore non è adatto a te. Ho davvero perso il conto di quante volte ho fatto tardi per rispondere a dei clienti, per curare gli strumenti di lavoro per la mia squadra o solo per capire dove stavo sbagliando e come potevo ancora migliorare nelle mie presentazioni.

Ma per fare tutto questo e per avere successo non basta solo avere talento e un pizzico di fortuna, ci vuole anche il giusto atteggiamento mentale. La nostra mente può essere il nostro migliore alleato o il peggior nemico possibile, dipende solo dall'uso che ne facciamo. Ho conosciuto persone di enorme talento ma che non hanno mai ottenuto successo nel lavoro a causa del loro mindset sbagliato, mentre lavoratori meno abili hanno saputo creare un mindset eccellente che gli ha permesso di ottenere risultati sensazionali e ho capito che la chiave per il successo nel Network Marketing è costruire un mindset vincente.

Dopotutto, chi pensa già di avere perso finirà per perdere veramente, dico bene?

Questi sono solo alcuni consigli generali per iniziare a sviluppare un mindset vincente. Non è un processo immediato e sicuramente non è semplice cambiare certe abitudini e pregiudizi che si hanno nella testa da tantissimo tempo, ma è il modo migliore per avere successo in questo settore e anche in ogni aspetto della propria vita. Cerca di applicarli tutti nella tua routine lavorativa (anche uno alla volta va bene, l'importante è farli divenire parte integrante della routine) e noterai immediatamente che la tua situazione lavorativa non farà altro che migliorare.

Impara ad ascoltare le persone

Nonostante alcune persone cerchino di negarlo, il segreto per vendere qualcosa a un cliente è solo uno: far parlare la propria esperienza con il prodotto e attraverso questo trasferire l'informazione che tale prodotto è esattamente quello che cerca per risolvere immediatamente il suo bisogno urgentissimo. In linea generale, prima di comprare il tuo prodotto la gente compra te, si fida di te e si affida a te, percepisce la tua competenza e la tua trasparenza, quindi se fai parlare le tue azioni prima che le tue informazioni, acquisisci una credibilità completamente diversa.

Questo si fonde perfettamente con l'entrare in empatia con la persona che hai davanti e col metterti in ascolto. Che esigenze ha il tuo cliente? Cosa cerca? Devi imparare a saper ascoltare il tuo cliente per poi fare leva sul suo punto di dolore e comunicargli chiaramente e senza indugiare che la soluzione è proprio sotto al suo naso. Soltanto ascoltando le persone potrai capire quali sono le loro esigenze e proporre la soluzione più adatta a loro.

Quindi non cercare mai di dominare la conversazione, non fare monologhi infiniti, non evitare l'interazione, non avere fretta di dire tutto e subito, mostrati sinceramente interessato a quello che il cliente ti racconta e "usa" le informazioni che otterrai per permettere al cliente di decidere di acquistare da te. L'importante è mostrare sempre un sincero interesse per quello che l'altra persona ha da dire e non avere mai l'intenzione di manipolare il cliente.

I migliori venditori di Network Marketing hanno capito che ascoltare il cliente è il modo migliore per vendere.

Capire cosa vuoi

È inutile girarci attorno, se non vuoi davvero una cosa con tutte le tue forze non riuscirai a farla e ad avere successo. La mente umana infatti non ama molto i cambiamenti e cerca sempre di mantenere intatto lo stato delle cose con tutti i mezzi possibili. Ecco perché diverse persone sono molto restie ai cambiamenti e riescono a farli solamente se lo vogliono davvero. D'altronde non si chiamerebbe COMFORT ZONE se non fosse comoda e confortevole.

Se vuoi entrare in questo mondo devi essere consapevole che sarà al pari di cominciare un qualsiasi nuovo lavoro, ti servirà impegno, dedizione, costanza, ma soprattutto, credo. Nella maggior parte dei casi dovrai credere prima di vedere, ma dalla tua parte hai una certezza. La miriade di persone che prima di te, partendo da zero competenze, hanno costruito la loro impresa e stanno avendo successo. Il loro segreto? È il loro Perché, il motivo trainante, quello che li ha spinti a lanciarsi in questa avventura. È il loro punto di dolore, la situazione dalla quale volevano scappare o che volevano risolvere. E dovrà essere così anche per te, perché nei momenti di sconforto o di down, ti basterà pensare al tuo Perché per rimetterti in moto e ripartire più forte di prima, più propositivo e più risolutivo di prima.

Analizza prima di tutto il motivo per il quale hai deciso di intraprendere questa avventura, se sei davvero motivato a cominciare. Se hai solo una curiosità o stai solo provando per vedere che succede allora mi spiace, ma sarà difficile che durerai nel settore. Al contrario, se lo vorrai veramente, se sarai determinato a fare tutto per raggiungere il tuo scopo, allora non ci sarà niente e nessuno che potrà fermarti.

Tra l'altro i clienti riescono a percepire la determinazione di una persona e questo vi permetterà di impressionarli in modo decisamente favorevole. Chi sa cosa vuole è già a metà del percorso.

Cambia qualcosa

Diversi prodotti e servizi che hanno reso ricchissimo il proprio inventore e influenzato la vita di tantissime persone nel mondo non sono dei prodotti originali, ma sono solo dei miglioramenti di qualcosa che esisteva già.

Per esempio, pensa a Facebook. Non è stato il primo social network del mondo, ma nel tempo si è migliorato adattandosi alle richieste del suo utilizzatore, creando, ogni giorno, qualcosa di nuovo.

Questo mindset è preziosissimo per avere successo perché chi capisce che nulla è inciso nella pietra e che tutto può essere migliorato avrà un grandissimo vantaggio in questo mondo. Chiediti dove è possibile migliorare la tua prestazione e fai questi cambiamenti. Spesso non è necessario fare delle grandi rivoluzioni, ma solamente correggere degli errori e presentare il tutto come nuovo. Ogni cambiamento può essere la chiave di volta del successo e chi impara a osare e a sperimentare avrà tantissime chance di avere successo.

Per sviluppare questo mindset fatti queste tre domande:

Ma è davvero così e basta?

Chi lo ha deciso? Che autorità ha?

Cosa succederebbe se facessimo le cose in un altro modo o se si correggesse quell'errore?

Rispondi a queste domande e supera i limiti che hanno impedito a tante altre persone di avere successo. Anche il minimo cambiamento può essere quello che ti serve per rinforzare il tuo mindset!

<u>Conoscenze facili</u>

Il Network Marketing ti metterà in contatto con diverse tipologie di persone tutti i giorni e dovrai perfezionare le tue skills per essere in grado di stringere facilmente relazioni con i tuoi clienti. Essere in grado di costruire delle relazioni non solo professionali con i clienti sarà un grande vantaggio nel tuo lavoro e per farlo è necessario cambiare il tuo mindset, mettendo in atto delle precise strategie per conquistare delle nuove amicizie e rafforzare il legame che hai con i clienti.

Una persona solare e piena di energia avrà molte meno difficoltà nel lavorare a contatto con le persone e a creare dei contatti interessanti. Non voglio dire che dovrete manipolare le persone e fingere di essere loro amiche, ma solo di usare empatia per facilitare la conoscenza e per avere un rapporto sereno e civile con loro. Una lettura molto interessante sotto questo punto di vista è il bestseller di Dale Carnegie "Come trattare gli altri e farseli amici". Si tratta di un libro datato, che è stato scritto quasi 100 anni fa, ma che è ancora molto attuale e che contiene dei consigli davvero molto preziosi su come migliorare il proprio mindset e conoscere facilmente più persone.

Circondati delle persone giuste

L'essenza di questo business è il lavoro di squadra, e dato che dovrai necessariamente lavorare in un team è importante che cominci a saper riconoscere le persone che hanno il tuo stesso mindset e che vogliono la stessa cosa che vuoi anche tu, ossia il successo. Condividere il lavoro e gli stessi obiettivi con delle persone che la pensano esattamente come te e che remano tutte nella stessa direzione è un grande vantaggio per il tuo business e permetterà a ogni membro del team di dare il massimo e di superare tutti i propri limiti.

Sarebbe bellissimo che questo potesse accadere con tutti, proprio tutti i componenti della squadra, ma mi rendo conto che non siamo tutti uguali e non andiamo tutti alla stessa velocità. Ci sono persone che hanno la tendenza ad auto-sabotarsi, persone che sanno esattamente cosa fare per avere successo ma poi per motivi incomprensibili non si mettono in gioco. Capiteranno sulla tua strada persone false, doppiogiochiste, egocentriche, i "so tutto io", ma questa è la vita, e il Network Marketing non è altro che uno spaccato di vita, quindi preparati anche a dover gestire queste persone. Che poi, se ti devo dire la verità, io non sono il tipo che porta avanti relazioni giusto per essere diplomatica a tutti i costi. Per me se funziona è bene, altrimenti ognuno per la sua strada.

Riflettendo con attenzione, mi viene di dispensare un altro consiglio. Impara a riconoscere anche gli "Yes Man" che sanno solo dire quello che vuoi sentirti dire, che non hanno il coraggio di parlare dritto in faccia, perché sono i potenziali distruttori del tuo business. Circondati di gente chiara, trasparente e diretta, che non abbia paura a dirti che stai sbagliando, ma soprattutto apprezzala tantissimo, perché il confronto è uno step fondamentale per la tua crescita professionale e personale, è ciò che ti aiuterà a svoltare definitivamente.

Visualizza il futuro

Una delle tecniche motivazionali migliori è quella di visualizzare chiaramente il futuro e il raggiungimento dell'obiettivo che si ha in mente. Visualizzarlo e pensare che lo si è già raggiunto, o anche solo immaginare i benefici che può dare è un potente modo per motivarsi e per cambiare il proprio mindset.

Immaginare di aver già concluso la vendita, di aver stabilito un rapporto confidenziale con il cliente e di essere già Leader di una grande struttura. Comportati come se il sogno che desideravi realizzare quando hai deciso di avviare la tua impresa personale fosse già concreto e tangibile. Il tuo atteggiamento in ogni circostanza è determinante, è davvero la chiave. Una volta che visualizzi che il tuo sogno è concreto, la tua mente inizierà davvero a lavorare senza freni per raggiungerlo davvero e renderlo possibile. È la stessa determinazione che si ha quando si ha in mente di perdere peso, per esempio, e la voglia di realizzazione permette di fare davvero la differenza tra chi avrà successo e chi invece non riuscirà a portare a termine un obiettivo.

Vision da singolo a gruppo

Adattare la propria vision da singolo (faccio successo e devo farlo più degli altri) a gruppo (ho successo se porto gli altri ad avere successo) è fondamentale per crescere e posizionarti nel Network Marketing. Per prima cosa è necessario visualizzare (e aiutare anche tutti gli altri a fare altrettanto) l'obiettivo comune da raggiungere e poi pianificare tutti assieme il modo migliore per raggiungerlo.

Il cambiamento di "Vision" deve essere accompagnato da un netto cambiamento del metodo di lavoro. Nel Network Marketing (e si può vedere da diversi piani compensi) più si ha successo e più si guadagna tutti assieme. La competizione è incentivata e le persone che non portano risultati possono rallentare il guadagno di tutti gli altri, ed è compito del Leader saperli motivare e spingerli a superare i propri limiti.

Il messaggio che dovrai passare a tutti i componenti della squadra è che non c'è nessuno più speciale degli altri e che in questo business si vince e si perde tutti assieme. Chi gioca in team riesce a vincere e a raggiungere anche gli obiettivi più ambiziosi e il compito del Leader è aiutare tutti ad avere la stessa Vision di gruppo e a essere nelle condizioni necessarie per poter dare sempre il massimo in ogni circostanza.

In sintesi, dovrai smettere di essere individualista e diventare altruista. Il successo di tutto il gruppo sarà il tuo successo e vincerete o perderete tutti assieme.

Gioco di squadra

Come avrai capito, il Network Marketing è basato sul successo di una formula e sul gioco di squadra. Da soli si possono anche guadagnare buone cifre ma è creando un team che si può raggiungere un grande successo.

Per raggiungere questo obiettivo è fondamentale giocare di squadra e trovare il modo di fare business che possa essere replicato da tutti. Non sarà facile, ma è il grande segreto del successo del Network Marketing.

Imparare a giocare di squadra è fondamentale e in quanto Leader sarà tuo dovere guidare tutti al massimo successo possibile. Dovrai studiare un metodo di vendita che tutti possano replicare senza sforzi e che possa far vendere i prodotti o i servizi la maggior parte delle volte e adattarlo alle caratteristiche dei tuoi collaboratori. Dovrai trovare una strategia che permetta a tutti di crearsi a loro volta un team unito. Si dice che una catena (o un team, in questo caso) sia tanto forte quanto il suo anello più debole, e questo varrà anche per il tuo team di collaboratori. Pensa al metodo di vendita o di duplicazione del business in modo che sia messo in atto anche dal collaboratore meno dotato senza problemi e cerca di incentivare tutti a usarlo bene.

Non devi più pensare da singolo, ma da gruppo, e mettere tutti in condizione di avere successo per il successo della causa comune. Questo è il gioco di squadra, dove il più forte si mette al servizio di tutto il team per cercare di arrivare all'obiettivo comune.

Se invece lavori meglio da solo, allora il Network Marketing non è il sistema giusto per te.

Come aiutare i tuoi incaricati a partire

Partire con un business può essere difficile e nel Network Marketing può essere ancora più complicato e può scoraggiare. Aiutare gli incaricati a partire è una parte fondamentale del ruolo di Leader. Ho imparato nel tempo che l'azione più intelligente e produttiva in assoluto è: lavorare per obiettivi. Questa è l'ultima delle tre skills da mettere in valigia quando parti con Network Marketing. Se hai la contezza del dove vuoi arrivare sei già a metà strada, se sai che azioni fare per arrivarci e passi all'azione avrai il 90% di possibilità di raggiungere l'obiettivo che ti sei messo in testa. Tutte le volte che con la squadra abbiamo puntato un obiettivo e lo abbiamo pianificato, lo abbiamo anche raggiunto in pieno, e questa maniera di lavorare è così potente che ti senti invincibile!

Questo discorso prescinde dall'anzianità, non importa che tu sia l'ultimo arrivato o che sia il Leader, lavorare per obiettivi e qualifiche è sempre la strategia vincente. Ovvio, le new entry hanno bisogno di attenzioni e supporto, ed a proposito di questo, se tu fossi il Leader mi sentirei di darti questi consigli per permetterti di capire come aiutare i tuoi incaricati a partire:

Occupati personalmente della formazione delle new entry, dando loro le basi e gli strumenti indispensabili per avviare il loro business. Devi dare loro la possibilità di avere i primi guadagni facendo il loro primo cliente ed il loro primo incaricato, in modo che possano capire che il sistema funziona e possano sentirsi incentivati ad impegnarsi e proseguire.

Sentili costantemente, in privato o in gruppo, soprattutto nei primi giorni della loro attività, perché avranno sicuramente domande da farti, ma spesso non le fanno per il timore di disturbarti.

Pianifica incontri settimanali di gruppo per sviscerare di volta in volta argomenti diversi che possano permettergli di fare approfondimento.

Lavorate insieme pianificando gli obiettivi e le qualifiche, in maniera precisa. Lavorare per obiettivi è la strategia vincente, perché ti dà la contezza di quanto quella persona sia disposta a mettersi in gioco.

Crea contest dedicati ai tuoi incaricati, prevedendo premi per loro al raggiungimento di un target prestabilito di fatturato.

Non mettere mai troppa pressione addosso al nuovo incaricato sin dal principio. Fagli capire che aumentare il fatturato è conveniente per lui, perché gli permetterà di guadagnare di più.

Grazie a questi consigli e al tuo costante supporto sarà facile aiutare i tuoi incaricati a partire con il piede giusto.

I modi per creare un team di successo

Creare un team in grado di operare con successo non è affatto facile e richiede molto tempo. Senza dubbio l'esperienza ha giocato a mio favore, e quello che in questi anni ho imparato è che ci sono persone disposte ad avere successo, altre no, alcune non riescono proprio a staccarsi dalle loro credenze limitanti e compromettono il loro business senza nemmeno rendersene conto. Sono le stesse che danno la colpa a tutto il mondo senza mai prendersi la responsabilità delle proprie azioni. Poi ci sono quelli che non accettano consigli tantomeno sconfitte. L'esperienza mi ha insegnato a lasciar andare, a non legarmi alle persone a tutti i costi, ad incassare i colpi bassi ed andare avanti per la mia strada. Ma credo che queste siano cose che succedono nella vita in generale, non sono situazioni esclusive del Network Marketing. Oggi sono selettiva nella scelta dei componenti della squadra, in fondo, si capisce subito quando una persona è realmente interessata e quando non lo è. Non sono nemmeno il tipo che rincorre la gente, che sta lì ad elemosinare consensi. Se avvii un'attività come questa lo fai per la tua indipendenza e per la tua libertà, non certo per la mia, quindi se sei interessato a lavorare seriamente buon per te!

Perché dico questo? Perché un team di successo è formato da persone realmente interessate a fare Business, e dal momento in cui dai loro tutti gli strumenti per partire, faranno il possibile per raggiungere il loro obiettivo. Magari ci metterai del tempo a trovare le tue "perle", magari fallirai tante volte, ma alla fine vincerai solo se crederai profondamente in quello che stai facendo e lo farai con costanza, lealtà, dedizione ma soprattutto tanto tanto amore.

Conclusioni

Siamo arrivati alla fine di questo breve viaggio nel mio mondo, il mondo del Network Marketing. Mi auguro di essere riuscita a sviscerare tutti i passaggi chiave e chissà, magari averti provocato delle sensazioni positive.

Il Network Marketing per me è vita, è il mio business, e richiede cure attente al pari di un figlio. Le famose farfalle nello stomaco che provavo il primo giorno le provo ancora, e questo mi basta, significa che sto andando nella giusta direzione, sto facendo ciò che amo.

Sono tre anni che ho barattato le quattro mura del mio vecchio negozio con la possibilità di lavorare in qualunque posto io desideri, che sia casa mia o qualche angolo di paradiso.

Sono il capo della mia attività, non ho orari né gente che mi dica cosa devo fare, il mio impegno è proporzionale ai miei guadagni e la mia attività cresce solo se io mi ci dedico.

Ringrazio in primis il mio compagno, che mi è stato sempre accanto in questo percorso e mi ha sempre sostenuta ed incoraggiata, ringrazio i componenti del mio team per essere sul pezzo ogni santo giorno, per essere così innamorati del loro lavoro, per essere così legati alla squadra, e ringrazio tutte le persone che nel tempo mi hanno messo i bastoni tra le ruote, perché non hanno fatto altro che rendere ancora più chiaro il mio percorso. Ringrazio me stessa per tutte le volte che sono caduta e mi sono rialzata, perché dagli errori che ho fatto ho imparato a crescere e diventare la persona che sono oggi. Ringrazio tutti i miei compagni di viaggio che non fanno parte della mia struttura ma con i quali collaboro costantemente per la crescita comune, perché dalla cooperazione sono nati progetti di crescita esponenziale che non sarebbero venuti alla luce se ognuno di noi fosse rimasto chiuso nel suo guscio e isolato dagli altri.

Questo è un business fantastico, ti porta a sfidarti, ti porta a crescere e metterci la faccia, ti fa diventare una persona migliore. Ci vuole molto molto coraggio per portarlo avanti, ma ti assicuro che è inimmaginabile tutto ciò che ti torna indietro.

Contatti:

   https://m.facebook.com/alessandra.laforgia

   https://www.instagram.com/alessandralaforgia_alestory/

   www.alessandralaforgia.it

   info@alessandralaforgia.it

www.ingramcontent.com/pod-product-compliance
Lightning Source LLC
Chambersburg PA
CBHW071419210526
45465CB00001B/457